»Was gibt es Schöneres als ein Lebensende in kreativem Chaos?« Lotti Huber, Schauspielerin, Enfant terrible, »älteste Showmasterin der Welt« (Guinness-Buch der Rekorde), Trägerin des Verdienstordens der Bundesrepublik Deutschland, war gerade mal 77 Jahre alt, als ihr erstes Buch erschien. Acht Jahre später – aus der gereifteren Position von 85 Jahren heraus – denkt sie darüber nach, was seitdem mit ihr und der Welt geschah. Temperamentvoll und nachdenklich, lebenserfahren und weltläufig steht sie an ihrer Hausbar und kredenzt ihre Geschichten und ihre Lebensart frisch aus dem Shaker, hochprozentig belebend, berauschend, mit saloppem Understatement.

Lotti Huber, am 16. Oktober 1912 als Tochter großbürgerlicher jüdischer Eltern in Kiel geboren, wollte immer zur Bühne, zum Theater. Aber die Nazis schickten sie ins KZ. Sie wurde freigekauft, ging nach Palästina und Ägypten, tanzte in Nachtclubs, heiratete einen englischen Offizier, ging dann nach Zypern, wo sie ein Restaurant eröffnete. Nach 1945 zog sie mit ihrem zweiten Mann, ebenfalls einem englischen Offizier, nach London und Anfang der sechziger Jahre nach Berlin, gab Englischunterricht, übersetzte Trivialliteratur, eröffnete eine Tanzschule, arbeitete als Filmstatistin, lernte Rosa von Praunheim kennen und wurde mit 75 Jahren zum Star. Lotti Huber starb am 31. Mai 1998, kurz nach Abschluß des Manuskripts zu diesem Buch, in Berlin.

Lotti Huber

Drei Schritt vor und kein Zurück!

Bargeflüster

Herausgegeben von
Max Christian Graeff

Deutscher Taschenbuch Verlag

Von Lotti Huber
sind im Deutschen Taschenbuch Verlag erschienen:
Diese Zitrone hat noch viel Saft!
(20223; auch als dtv großdruck 25121)
Jede Zeit ist meine Zeit (20170)

Ein Projekt der Edition diá, Berlin

Originalausgabe
September 1998
2. Auflage April 1999
© 1998 Deutscher Taschenbuch Verlag GmbH & Co. KG,
München
Umschlagkonzept: Balk & Brumshagen
Umschlagfoto: Burkhard Peter, Berlin
Fotos: Wolfgang Albrecht (Seite 53), Bret Baughman (Seite 134),
Stephanie Nöltner (Seiten 59 und 73), Paul Vincenzi (Seite 41),
Moira Scheulen (Seite 57), hgm-press (Seite 123)
und Privatarchiv Lotti Huber (übrige Seiten)
Lektorat: Kai Precht, Berlin
Gestaltung und Satz: Rainer Zenz, Berlin
Gesetzt aus der Palatino 10/13˙ (QuarkXPress)
Druck und Bindung: C. H. Beck'sche Buchdruckerei,
Nördlingen
Gedruckt auf säurefreiem, chlorfrei gebleichtem Papier
Printed in Germany · ISBN 3-423-20222-X

Falls mich jemand fragen würde, was ich für das Beste, das Wichtigste, das Allernötigste in meinem Leben hielte, würde ich antworten: unabhängig zu sein und mich auf mich selber verlassen zu können. Vaterland, Position, Familie – mir hat es immer gutgetan, den ganzen Ballast über Bord zu werfen, der mir seit der Geburt aufgeladen wurde. Jede Gewohnheit, jede Bindung, jede Tradition kann trübe Resultate in uns erzeugen. Ich habe weder Bedürfnis noch Veranlagung, einer Clique anzugehören oder einer Mode nachzulaufen – keiner Partei, keiner Sekte.

Am schwersten aber war es, die Abhängigkeit von der Liebe und den Geschlechtstrieb abzuschütteln. Erst wenn man älter wird, wird man auch hier freier, läßt auch dieses Feuer allmählich nach. Es verbrennt einen nicht mehr. Es wärmt einen angenehm: Auch darauf kann man sich freuen.

Happy beginnings ...

Pssst!
...
Hören Sie was?
...
Nicht? Na eben. Ist es nicht wunderbar? Diese Stille!

Hinter dem Vorhang ist es ruhig, wissen Sie? Das sind die aufregendsten Momente, wenn alle Vorbereitungen abgeschlossen sind, wenn die Mikrophone dort stehen, wo sie hingehören, und die Scheinwerfer gespannt auf ihre Erleuchtung warten. Wenn ich mich letztendlich doch wieder für den Fummel entscheide, den wir längst zur Kleidersammlung geben wollten, und das neue Kostüm noch ein wenig Geduld haben muß. Wenn ich das letzte Mal nachprüfe, ob die Wimpern auch fest genug sitzen, grad bevor im vollbesetzten Zuschauerraum und bei mir auf der Hinterbühne das Licht ausgeht – dann ist eine Stille im Raum, ein Zauber, für den sich alle Strapazen gelohnt haben. Ich weiß, wir werden uns heute abend wieder gut verstehen! Oder auch nicht – Dieses Rascheln aus dem Parkett, das sich da durch die heilige Theaterluft zur Bühne hochknistert, sich durch den schweren, dicken Vorhang beißt, über die Bretter kriecht, die doch gleich die Welt bedeuten sollen, und mich aus der Mitte meiner Gedanken reißt: Da ißt doch tatsächlich jemand Chips, gerade jetzt ... eine Frechheit! Na, dem werd ich's zeigen!

Alles nicht so wild, meine Lieben, denn heute hab ich frei, und es gibt weder Vorhang noch Parkett. Ich sitze hier allein, glücklich und zufrieden im Kabäuschen, dem alten Dienstmädchenzimmer neben meiner Küche, ordne eine Flasche Sherry in den Lauf der Dinge ein und diskutiere mit mir über die Welt an sich. Dabei passiert es schon mal, daß sich die Zeit verschiebt und mich vorgestern auf der Bühne stehenläßt oder übermorgen an unbekannte Orte schickt. Das macht auch nichts, denn wozu bin ich so herrlich allein an einem solchen Abend. Alleinsein ist großartig. Es ist Leben, Liebe, Wehmut, Glück. Alleinsein ist Ichsein, bei sich sein. Überhaupt nicht zu verwechseln mit der Einsamkeit, dem Fluch der Verlassenen – derer, die dem Leben verlorengehen. Es liegt nah beieinander, aber ist doch verschieden.

Vor ein paar Monaten ist mir passiert, was mir Grund gab, über die Einsamkeit nachzudenken. Wir hatten an jenem Abend wieder unsere Mitternachtsshow, beim TV Berlin. Mein junger Freund und Mitarbeiter Thomas Nowotny und ich sprachen eine Stunde lang im Fernsehstudio mit uns unbekannten Menschen am Telefon über verschiedene Themen. Es war hervorragend gelaufen. Nur ich lief nicht gut an dem Abend, ich war nicht gut zu Fuß. Nun war es tiefe Nacht und ich etwas angeschlagen. So holten die lieben Leute einen Rollstuhl hervor. Ich fand es eine gute Idee, setzte mich hinein und schaute zu, wie das Studio sich langsam leerte und die Arbeiter die Dekoration abbauten. Schließlich waren alle draußen, und ehe ich mich versah, verlosch in der Halle das Licht. Ich wartete, wartete. Und wartete. Irgendwann mußte doch etwas passieren. Doch nichts geschah, eine lange Zeit. Einerseits amüsierte es mich, andererseits – wie konnte das passieren? Man hatte mich vergessen. Schließlich nickte ich ein. Erst nach einer unbestimmten Weile wurde ich plötzlich von einer Assistentin geweckt, die noch irgend etwas im Studio vergessen hatte. Sie war rührend erschrocken: »Um Gottes willen, was machen Sie denn hier?« – »Tja, mein Kind, das weiß ich eigentlich auch nicht so genau!«

Wie auch immer, es war ein Versehen nach einer anstrengenden Arbeit und nicht wirklich schlimm. Aber wovon ich an diesem Abend nur eine halbe Stunde lang eine Ahnung bekam, das gilt manch anderen Menschen fürs ganze Leben: Einsamkeit und Vergessen. Wie glücklich darf ich mich preisen, das nicht erleben zu müssen, sondern im Gegenteil bis heute mittendrin zu stehen. Desto mehr aber schätze ich das Alleinsein an diesen Abenden, in meinem Kabäuschen, einem sehr kleinen, bescheiden eingerichteten Raum, den mein zweiter, heißgeliebter Mann Norman und ich uns als Talkroom auserkoren hatten, als wir vor fünfunddreißig Jahren diese Wohnung bezogen. Zehn Jahre später starb Norman, und ich begann ein neues Leben, das mich auf manche Bühne bringen sollte. Doch jeder Abend, den ich nicht als Rummeltante, sondern alleine und hier verbringe, ist nach wie vor ein Genuß. Was ich hier tue? Sehr viel! Ich sitze da und schweige. Denke nach. Manchmal. *Sometimes I sit and think, and sometimes I just sit.*

Es gibt Leute, die erwarten von mir Dinge, die ich nicht machen würde. Unanständigkeiten ohne Sinn, Zeugnisse von angeblichen Leidenschaften, zu denen mir die Lust fehlt. Dinge, die sie selbst gern täten, doch die sie sich immer schon versagten. Oder manchmal auch einfach nur Starallüren. Neulich gingen mir mal wieder die Oliven aus, und so ratterte ich kurz darauf mit dem Wägelchen durch den Supermarkt. Eine ältere Dame kam ganz aufgeregt auf mich zu, verursachte fast eine Karambolage und guckte mich entgeistert an: »Frau Huber! Haben Sie das nötig? Selbst einkaufen zu gehen?« – »Na ja, schließlich esse ich den Kram doch auch alleine, oder?« Also ich weiß nicht, was die Leute wollen. Wenn sie mich irgendwo hören, fühlen sie sich schockiert. Dann finden sie mich eigentlich ganz gut. Und wenn sie bemerken, daß ich im Grunde genauso bin wie sie, sind sie wieder enttäuscht und schockiert. Nie mache ich es richtig. Aber was soll's? *Variety is the spice of life.*

Wenn die Welt, und das ist zumindest für mein Leben nun mal nicht zu bestreiten, eine Bühne ist, dann ist dieser kleine Ort hier, das Kabäuschen mit seinem Tisch, dem Regal mit den Destillaten, dem Telefontischchen, den Papierstapeln, den Zigaretten und dem Wein, meine private kleine Hinterbühne. Der Ort, an dem der alte Krempel steht. Und der zitternde Jungstar vor oder der sinnierende Altstar nach seinem Auftritt. Meine Bar, in der ich jeden Menschen treffe, den ich treffen will, in der ich an jedem Tresen sitzen kann, den ich mir vorstelle. Ich stelle mir viele, viele Tresen vor ... und das, was dahinter ist. So sollte ich vielleicht besser sagen: *Sometimes I sit and drink, and sometimes I just drink ...* Nein, ich will nicht übertreiben, mit fünfundachtzig Jahren bin ich nicht mehr so sattelfest wie früher. Whiskeys vertrage ich leider meist überhaupt nicht mehr, und das ist ein Verlust. Aber da gibt es ja

noch all die anderen wundervollen Erfindungen, Gin und Wodka und Sherry und und und. Davon das eine oder andere halbe Glas vor sich zu haben, ist schon gut.

An dieser Stelle kommt natürlich wieder die alte Frage, halbvoll oder halbleer?, die wirklich keine ist, wenn man voll Leben ist. So manches Mal war das Glas auch nur noch zu einem Viertel voll, doch dann hat stets jemand nachgeschenkt, von ganz oben herab. – Und nebenbei, ob voll oder leer, das ist noch viel relativer, als wir gemeinhin denken. Neulich fand ich eine Notiz in der Zeitung, die mich tief im Innersten ergriff. Unser Verstand, selbst wenn wir ihn ein Leben lang ordentlich strapazierten, wurde über Millionen Jahre hindurch auf lineare, kausale Ketten genormt. So entziehen sich uns oft die einfachsten Phänomene: Ein Liter Vermouth (10 Prozent Alkohol) mit eineinhalb Liter Gin (45 Prozent Alkohol) gemixt ergibt nicht, wie freudig erwartet, zweieinhalb, sondern lediglich 2,35 Liter Martini. Denn in dem Gemisch bilden sich, wie der Artikel mir verriet, Wasserstoffbrücken, die die Alkohol- und Wassermoleküle näher zusammenrücken lassen. Womit es wieder bewiesen wäre: Es trinkt immer irgend jemand mit – ich habe da so meinen Verdacht. Selbst hier im Kabuff, der wunderbarsten Bar der Welt.

Martini dry
1 1/2 Likörgläser Gin und 1 Likörglas
französischer Vermouth mit etwas Eis im Mixbecher
rühren oder schütteln.
Nach dem Abseihen mit einer Olive garnieren.
The snobby style: Den fertigen Martini abgießen und
das Eis mit Gin auffüllen. Well done.

Mir gegenüber auf dem Tisch steht eine prächtige kleine Sonnenblume in ihrem Topf. Eine reizende Bekannte, die vor einer Woche ihrem Vater meine Gedichte vorgelesen hatte, hat sie mir gestern gebracht. Der alte

Mann schien sich sehr gefreut zu haben, jedenfalls drückte er ihr einen Schein in die Hand und sagte: »Geh und kauf eine Blume für Lotti!« Zwei Tage später war er tot. Seine Blume jedoch steht hier vor mir und lebt und leistet mir Gesellschaft. Ich stoße mit ihr an; das Glas klingt gar nicht schlecht am Rand des Tontopfes. Auf das Leben! Wenn man uns sehen könnte, erschiene es vielleicht etwas albern, aber was macht das schon.

Im Kabäuschen steht ein für das Zimmer eigentlich viel zu großer Tisch, um den herum man sich auf kleinen Stühlchen plazieren muß. Sämtliche Bewegungsfreiheit richtet sich nach innen; zum körperlichen Ausleben der Gemüter gibt es schließlich nebenan mein Studio mit Spiegelwand und Tanzparkett. Hier in meiner kleinen Bar komme ich ohne größere Verrenkungen an die Dinge, die die Welt bedeuten: Aschenbecher, Olivenschälchen, Terminkalender, Schmierpapier und Sherrygläser. Die Besucher sitzen zum Greifen nah, und die Gedanken ziehen kleine Kreise um die Lampe herum. An der Wand mir gegenüber hängt das Bild eines Tintenfischs, dem man das Innere nach außen gewendet hat und der am Strand zum Trocknen aufgespannt wurde. Es mag etwas grausam erscheinen, doch so bereitet man auf Zypern diese delikate Speise vor. Und genau wie bei diesem Tier geht es auch im Kabäuschen: Das Innere wird nach außen gekehrt, das Äußere verschwindet irgendwo nach innen, die Welt darf so paradox sein, wie sie nun mal ist.

In der Vase vor mir steht ein gewaltiger Strauß Rosen, »Pink Lady« hat man sie genannt. Vorhin mußte ich feststellen, daß ihre Farbe eigentlich hervorragend zu meinen heutigen Ohrringen paßt – wer hat da schon wieder seine Finger im Spiel? Und zudem ist ihr Name ein schöner Anlaß für einen meiner Lieblingsdrinks; es gibt eben immer einen Grund zum Genießen, man muß ihn nur finden!

Pink Lady
2 Likörgläser Gin mit je 1 Teelöffel Zitronensaft
und Grenadine, einem Eiweiß sowie einigen Stückchen
Eis in einem Shaker kurz und heftig schütteln.

Es ist spät geworden, sage ich leise zu mir selbst. Die Gäste des Tages sind gegangen, in manchen ihrer Gläser befindet sich noch ein guter Schluck. Das Fenster meines Kabäuschens geht auf den Hinterhof hinaus; der Mond hat auch heute nacht wieder einen Einstieg zwischen den hohen Wänden gefunden und wirft sein freches Grinsen zu mir herab. Was mag hinter all diesen dunklen Fenstern gerade geschehen, welche *happy beginnings* spielen sich dort ab, und wie viele alltägliche kleine Tragödien brechen sich Bahn zwischen den Körpern? Wer wartet allein unter der Decke auf die Heimkehr des geliebten Partners, während er oder sie sich gerade in irgendeinem Park einem fremden, jedoch interessant riechenden Menschen hingibt oder einfach nur langsam vom Hocker einer schummrigen Bar zu Boden gleiten läßt? Lauter kleine Welten dort hinten, während vor dem Haus die eine große tobt.

Der Ku'damm ist hell erleuchtet; das ganze Viertel, nein: ganz Berlin feiert die Gunst der Stunde. Was antworten eigentlich all die Menschen dort draußen auf die Frage, wo sie am liebsten leben möchten? Sind sie dort, wo sie sich hingewünscht haben? Oder finden sie sich nur ab mit dem Ort, an den sie die Umstände trugen? Jedesmal, wenn sich nach einem gelungenen Abend der Vorhang schließt, oder eben auch nicht, weil keiner da ist, und das Publikum zufrieden mit unserem gemeinsamen Abend ist, dann denke ich: Hier möchte ich bleiben, hier gehöre ich hin! Damit meine ich natürlich nicht Passau, Wuppertal oder Delmenhorst, sondern die Bretter unter mir, die rund um die Welt die gleichen sind, die bedeutenden eben. Kaum denke ich das, fühle ich die Müdigkeit langsam aufsteigen und würde so gerne kurz die Beine hochlegen, wäre da nicht dieser Durst. So steht sie sich dauernd im Wege, die dreifache Heimat von Bühne, Bar und Bett. Doch wenn wir dann tief in der Nacht oder am nächsten Tag den Avus hinaufdonnern und ich das Fenster einen Spalt öffne, um diese unverwechselbare Luft zu schnuppern, wenn plötzlich der Funkturm dasteht und mich anblitzt und ich rufe: »*Hallo, old boy, how are you? I'm back again!*«, dann weiß ich, wo ich am liebsten willkommen sein möchte. Hier bin ich glücklich, Berlin ist meine Stadt. Ich liebe sie, und sie liebt mich zurück. Macht uns das gegenseitig so sympathisch? Ich finde, wir haben sehr viele Ähnlichkeiten miteinander, auch wenn diese Behauptung schwer zu erklären ist. Nicht nur, weil ich keine neue Mitte habe und die alte noch reicht bis zum Schluß ...

Was ist das denn schon, das vielbeschworene neue Berlin? Eine Erfindung, eine Konstruktion, die das Wesen der Stadt doch erst einmal nicht weiter tangiert. Später vielleicht, aber später ist eben immer alles anders und neu. Ob ich in zwanzig Jahren noch gerne hier lebte, diese Frage stelle ich mir nicht. Heute begegne ich den Menschen, die diese Stadt sind, und es ist ganz egal, aus welchen Mitten die kommen, von oben, von unten, hinten oder vorn. Ob sie schwarz sind, weiß, grün oder gelb. Die Begegnung ist die Stadt. Der ganze imposante

Rest ist nur ein Eimerchen Beton im großen Weltall und vollkommen uninteressant.

Oft bin ich gefragt worden, ob ich nicht jetzt, im Alter, lieber bei meinen Verwandten leben würde. Eine naheliegende Frage. Hier in Deutschland habe ich keine leibliche Familie mehr; es gibt nur die Nichten und Neffen in Israel. Wir telefonieren gelegentlich, doch haben wir keine echte familiäre Beziehung zueinander. Wenn ich mal jemanden brauchte, waren nicht sie da, sondern meist andere Menschen, die ich oft vorher noch nie getroffen hatte. Und nach dem Tod Normans, meines zweiten Mannes, waren es ausgerechnet mein Freund Alec, mit dem ich zuvor verheiratet gewesen war, und seine Frau Pat, die mich nach London einluden und mir alle Hilfe anboten, die ich brauchte. Nein, Sehnsucht nach einer eigenen Familie im klassischen Sinne habe ich nicht, das wäre verlogen und sentimental. Die Freunde um mich herum, mit denen ich lebe und arbeite, sind mir die beste Familie, die es gibt. Ein solches Leben verschafft mir das nötige Geben und Nehmen von Zuneigung, es ist abwechslungsreich und hält mich ständig auf Trab. Zugegeben, manchmal kostet es auch ein paar Nerven und einige Longdrinks mehr, aber was macht das schon, solange Gordon's noch liefern kann. Nein, meine kleine Großstadtgang will ich wirklich keinen Augenblick mehr vermissen! »Zuhause« ist eine Erfindung, heißt es zu Recht. Doch ob es im Einzelfall eine gute oder schlechte ist, das kommt eben stets darauf an, was man draus macht.

Und außerdem – Israel. Das Land ist heute ein Staat mit so großen Problemen geworden, mit so dramatischen Situationen, daß es mich kaum dorthin zieht. Wohl nur an wenigen Orten der Welt haben es die Jugendlichen so schwer, sich mit der gespaltenen Situation auseinanderzusetzen, in die sie hineingeboren wurden. In meinem Alter scheut man sich etwas, sich in diese Konflikte zu begeben. Außerdem bin ich vielleicht für manche Menschen dort nicht streng genug im Glauben. Orthodoxe Juden würden gar sagen, ich sei eine Nichtgläubige. Sie haben in ihrem Sinne bestimmt recht damit, aber so ganz stimmt das nicht. Natürlich bin ich Jüdin; das ist mein Schicksal, und ich stehe gerne dazu. Nur ist das Orthodoxe eben nicht ganz meine Lebensart.

Ich habe eine sehr schöne und aufregende Zeit in Palästina verbracht, mit Menschen aus aller Herren Länder, mit Arabern und Engländern, und wir alle lebten ein Stück gemeinsame Kultur. Als typischer Jecke, als Kieler und Berliner Großstadtgöre war ich natürlich mit einer äußerst fremden, rauhen Welt konfrontiert, in der andere Regeln galten als zu Hause. »Jeckes« wurden wir deutschen Migranten genannt, weil wir, obwohl knapp dem Tode entronnen, einige typische Eigenschaften auch in der neuen Welt nicht ablegten – und die wirkten oft jeck, närrisch. Die Männer waren auch in der Wüste, in der sie nun lebten, nicht ohne ihr Anzugjackett anzutreffen. Und für Menschen wie mich galt dieses sympathische Schimpfwort wegen meiner jugendlichen Naivität.

Ich war noch nicht lange in Jerusalem und wohnte in einem zauberhaften alten arabischen Haus neben dem Bezalel-Museum. Von meinem Fenster aus schaute ich in einen wild zugewachsenen Garten, in dem wir viele unvergeßliche Feste feierten, unter anderem ein Fest für die »Königin der Nacht«, eine Kakteenart, deren schneeweiße Blüte sich in einer bestimmten Nacht langsam öffnet bis zur vollkommenen Schönheit. Sekunden später ist der Traum vorbei, sie fällt in sich zusammen – ein unerhörtes Erlebnis. Ich lebte also in einer trotz der gespannten Lage sehr romantischen Umgebung, hatte Sehnsüchte aller Art und tatsächlich auch bald einen entzückenden jungen arabischen Verehrer, der tagelang um das Haus schlich, um mich zu sehen. Eines Tages fragte er mich, ob ich die Altstadt sehen wolle, die Grabeskirche Jesu und den Kreuzgang. Ich fand den Vorschlag und vor allem natürlich ihn wahnsinnig interessant, wie sollte es anders sein? Jung, blöde und unerfahren, war ich gerade aus Deutschland entkommen, ich war gedemütigt und eingesperrt worden, und nun spürte ich nach alledem wieder Zuneigung und Abenteuer – mit einem Wort: Leben. Natürlich wollte ich, daran änderte auch nichts, daß er sagte, ich solle auf keinen Fall irgend jemandem etwas von dem Vorhaben erzählen. So schlichen wir los. Ich trug ein einfaches Gewand und um den Kopf ein Tuch geschlungen, so daß lediglich meine Augen daraus hervorsahen. Mein Verehrer ging vorneweg, und ich folgte ihm in einer Entfernung von zwei, drei Schritten und sprach kein Wort. Die britische Administration hatte gerade *Curfew* ausgerufen, strengstes Ausgehverbot; kein Jude kam in die Altstadt und kein Araber in den jüdischen Teil. Die Stadt war voller Militärs, die jeden Nichtengländer strengstens kontrollierten. Auch mein Reiseleiter wurde überprüft und durchsucht, doch mich als arabische Frau würdigten sie keines Blickes. So gelangten wir ohne Schwierigkeiten in die Altstadt. Nach einem verschlungenen Weg – ich wußte beim besten Willen nicht mehr, wo wir waren – standen wir im

Eingang eines dunklen Verlieses. Keine Menschenseele war in der Nähe zu sehen. Steile Treppen führten ins Dunkel hinab, es roch nach Erde und nassem Stein. Unten angekommen, bemerkte ich einen alten Araber, der im Schein einer Kerze diesen Raum bewachte. Er lächelte mich eigenartig an, auch als mein Begleiter sich mit ihm unterhielt. Aber ich war nur ergriffen von diesem unscheinbaren Ort, an dem Jesus also tatsächlich seinen Gang zur Kreuzigung begonnen haben sollte. Erst nach einigen Minuten wurde mir klar, in was für einer Situation ich eigentlich steckte. Die beiden hätten durchaus alles mit mir anstellen können, niemand hätte jemals etwas davon erfahren. Aber es passierte nichts, wir stiegen wieder hinauf ans Tageslicht. Ich atmete auf. Weiter ging's durchs christliche Viertel zur Grabeskirche, die gerade, da Ostern war, von Nonnen aus aller Welt besucht wurde. Fasziniert stand ich vor dem Schauspiel, das sich mir bot. In der Nische, in der Jesus nach der Kreuzigung angeblich gelegen hatte, lag nun eine Nonne, sie schrie und weinte in höchster Ekstase, warf sich hin und her, dann streichelte sie still schluchzend den Stein. Nach einer Weile hatte ich genug von dieser Darbietung, und wir verließen die Kirche. Auf dem Rückweg setzten wir uns unter einen großen Olivenbaum, Hand in Hand, und beobachteten den unvergleichlichen Sonnenuntergang des Nahen Ostens. Die Wände der alten arabischen Häuser leuchteten rotgolden, und die mächtigen, blaßgrünen Olivenbäume wiegten sich leicht im heißen Wind. Ganz weit im Osten erahnten wir das tiefe Tal des Jordan.

Kein Wort sprachen wir angesichts des Bildes und waren wie zwei unschuldige Kinder, in eine Sache hineingeraten, mit der wir eigentlich nichts zu tun hatten.

Später brachte er mich wieder auf Schleichwegen nach Hause. Wir trennten uns ohne ein Wort, nur mit einem tiefen Blick in die Augen, und ich sah ihn nie wieder. Daheim erwarteten mich natürlich besorgte Gesichter, und ich erzählte ihnen sogar die Wahrheit! Sie konnten meine Naivität einfach nicht fassen und hätten mich beinahe windelweich geschlagen. Diese verwöhnte, dumme, deutsche Jeckete – nur sie konnte so blöd sein.

Doch das alles hatte nicht viel mit der dreitausendjährigen Vergangenheit zu tun. Was jetzt in Israel geschieht, berührt mich natürlich trotzdem noch, und ich finde es fürchterlich. Es fällt mir schwer, nationalen Fanatismus zu verstehen. Das einzige, wofür ich mit meiner eher kosmopolitischen Veranlagung Antennen habe, ist die Sprache zwischen den Menschen. Damit verbunden ist sicher auch meine ausgeprägte Angst vor Radikalität, welcher Art auch immer. Der Ort ist ziemlich egal. Setzt mich in die Wüste, auf irgendwelche Inseln, in Mangrovensümpfe oder ins ewige Eis, in Slums oder in Suiten, Hauptsache unter Menschen. Nehmt mir alles, nur laßt mich Mensch sein. Dann kann ich leben.

Das ist meine Einstellung. Mit ehrlicherweise einer kleinen Einschränkung: Mein Herz gehört Berlin.

Gerührt, nicht geschüttelt ...

Berlin zu lieben und in Deutschland zu leben hieß für viele Jahre meines Lebens, mich dem geteilten Land anpassen, meine Gefühle teilen zu müssen. Natürlich war ich als Frau des Colonel Huber eindeutig ein Lebewesen der westlichen Allianz, doch an den politischen und nationalen Ressentiments gegenüber der DDR konnte ich mich von Anfang an nicht beteiligen. Natürlich fand ich nicht in Ordnung, was dort »drüben« geschah, aber die westliche Arroganz und der Anspruch auf das »ganze« Deutschland lagen mir vollkommen fern. Der Fall der Mauer war ein großartiges Happening, selten sah ich so viele Menschen glücklich. Die Nacht ist mir noch gut in Erinnerung. Nach einigen experimentellen Serien mit Wodka, Limonen und Ginger Ale, das Ergebnis nennt sich

Moscow Mule
Einen Bierkrug zur Hälfte mit Eis füllen, den Saft und
ein paar Stücke zweier geviertelter Limonen hinzufügen.
6 cl Wodka zugießen und nach Belieben mit Ginger Ale
auffüllen,

war ich gerade schlafen gegangen, als meine Mitarbeiterin Monique anrief. Zuerst hörte ich nur ein

Schluchzen, und dann: »Lotti, komm her, die Mauer ist auf, die Mauer ist auf!« Meine Güte, dachte ich, die ist wohl in der verkehrten Kneipe gelandet. »Monique, Schätzchen, wie schön, daß du anrufst. Das mit der Mauer machen wir morgen, ja?« Ich legte auf und kroch zurück in die Federn. Als ich erwachte, war die Welt eine andere. So schnell kann's gehen ...

Die Tage danach waren aufregend. Wir drehten gerade für einen Film ein paar Aufnahmen am Brandenburger Tor, und dort war natürlich die Hölle los. Die Menge machte rüber, und aufgetakelt, wie ich war, dachte ich nur: »Wie sehen die denn alle aus? Eine graue Wolke rollt herein in unsere kleine große Luxusstadt.« Tatsächlich war es ein Kulturschock auf beiden Seiten.

Einige Tage später wurde ein Abend für mich arrangiert, in der Bertolt-Brecht-Bibliothek. Das Auditorium saß da, starrte mich an und schwieg. Meine Güte, was nun? Offenbar trauten sie sich nicht zu lachen, um meine Gefühle nicht zu verletzen. Und ich machte es natürlich nicht besser, indem ich richtig loslegte. Ganz zu Recht fragten sie sich: Was will die denn von uns, diese Type aus dem Westen? Uns hochnehmen oder uns zeigen, wie man einen bunten Abend macht? Ganz langsam nur gewöhnten wir uns aneinander an jenem Abend, aber zum Schluß war es tatsächlich wunderbar, wie auch bei den folgenden zahlreichen Veranstaltungen in den neuen Bundesländern. Am Schluß sprachen wir stets eine Sprache, denn das Denken und Fühlen ist nicht von einer Grenze zu teilen. Ich habe so viele Menschen kennengelernt, die in meinen kulturellen Bedingungen lebten und die so saublöd waren, daß ich mit ihnen nichts zu tun haben wollte. Und so viele, die sich in ganz anderen Kulturkreisen bewegen und mit denen ich die Grundbedingungen der Menschlichkeit, die Bedürfnisse, die Liebe und das Vertrauen aus dem Stand heraus leben konnte. Das gegenwärtig vielbeschworene globale Dorf ist keine neue Erfindung und schon gar keine digitale Angelegenheit, es existierte immer. Die Menschen nehmen es nur erst wahr, wenn es plötzlich mechanisch definierbar ist, aus meßbaren Werten besteht und nicht mehr »nur« das ist, was ich meine.

Übrigens bekam ich auch selten so phantastische Zeitungskritiken wie im Osten: fundiert, ehrlich, nicht so szenegeprägt wie »hier« und sehr auf den Inhalt bezogen. Eine Unmenge solch kleiner persönlicher Wiedervereinigungen steht uns allen noch bevor, und die Arbeit ist noch lange nicht getan. Von Anfang an konnte ich die allgemeine Euphorie nicht teilen, und so geht es mir auch mit der Frustration. Es ist doch nur natürlich, daß es so lange dauert, miteinander klarzukommen; vielleicht erleben es erst die Kinder, die das Land nur als Ganzes kennen. Wie überheblich wir doch alle waren und noch immer sind! Doch je mehr wir zusammen erleben, zusammen sprechen, desto besser klappt es. Wie sagte *good old* Hölderlin: »Darum ist der Güter gefährlichstes, die Sprache, dem Menschen gegeben ... damit er zeuge, was er sei.«

In einer Hinsicht war Berlin stets ungeteilt: Kunst und Leben befinden sich hier in einem Glas, gehören zusammen wie ein

Gin and Tonic
2 Likörgläser dry Gin und eine Scheibe Zitrone ohne
Schale und Kerne in ein Glas geben. Mit Eis und Tonic
bis zum Rand füllen.

Vielleicht gab's schon mal zuviel oder zuwenig Eis, und zuweilen gelangten einige Zitronenkerne hinein, aber was macht das. Hier läßt es sich trinken und leben, wie es gerade kommt, hier sind Welt und Bühne eins. Denn Berlin hat jede Menge Sex; Sie wissen schon, wie ich das meine. Ohne Sexualität gibt es keine Kunst, sie bestimmt jede Kultur und Kreativität. Die Höhenflüge, die sie hervorruft, und vor allem auch die Diskrepanzen und endlosen, unlösbaren, herrlichen Probleme – ohne sie hätten wir keine großen Schriftsteller, Komponisten, Maler ... Was wäre das Unaussprechliche, die Ausstrahlung, ohne die Sublimation? Darin liegt das Geheimnis eines großen Moments: In London sah ich oft Rudolf Nurejew auf der Bühne. Er kam mit einer kleinen Bewegung aus, um unsere Nerven blankzulegen. Andere machen achtzehn Pirouetten und bewirken nichts in einem. Nurejew war ein Besessener, vielleicht auch ein Arschloch, ein Sadist, aber ein echter Künstler. Und wir, das Publikum, waren allesamt Masochisten, die ihm zujubelten und nur darauf warteten, von ihm bespuckt, ausgepeitscht und schlecht behandelt zu werden. Das ist Sexualität – und Kunst! Das Gegenteil ist wohl, Künstler sein zu wollen, anstatt es einfach nur zu leben. Für den echten Künstler kann es keinen Verdienst geben, sondern immer nur Leben. Oscar Wilde zählt für mich auch zu diesen Genies, von denen es heute vielleicht immer noch welche gibt, die aber keiner mehr wahrnehmen will, weil sie keine Waren herstellen, sondern Wahrheiten. Manchmal frage ich mich, welches Bühnenstück von heute wohl in hundert Jahren noch gespielt werden und ungeheure Emotionen auslösen wird. Dieser »Produkte« sind nicht unbedingt viele. Die Genies sterben nicht aus, denn die menschlichen Bedürfnisse Hunger und Sexualität wird es immer geben. Aber die Sprache der Genies verschwindet langsam in der Meßbarkeit der Zukunft. Wilde lebte seine Gedanken, er schrieb aus dem reinen, fließenden Dasein heraus. Seine Werke sind unsterblich. Ihn haben sie zwar nicht domestizieren, aber körperlich brechen können, seine ›Salome‹ jedoch wird immer ein modernes Stück bleiben. Ich liebe es sehr! Hinter all diesen Dingen steckt Wahrhaftigkeit und gelebte Leidenschaft.

Als Norman und ich aus Zypern nach London kamen und in Chelsea eine Wohnung suchten, schauten wir uns ein ganz altes verfallenes Häuschen an, in dem ein blasser junger Mann mit seiner Frau und zwei entzückenden Kindern wohnte. Er war tatsächlich der Großenkel von Bosie, von Lord Alfred Douglas, dem verhängnisvoll Geliebten Wildes. Mir lief ein Schauer über den Rücken, als er es ganz nebenbei erwähnte. Wilde war, wie die meisten Genies und Exzentriker, ein zerrissener Mensch. Er erhob sich in seinem Stil, um Halt zu finden zwischen den gesellschaftlichen Regeln und den Unberechenbarkeiten des Lebens. Er hatte das Glück, einen Zweifelnden unter seinen Lehrern zu haben, John Ruskin, der die Lehren des Ästhetizismus und der Verflechtungen von Kunst und Moral, von Gutem, Schönem, Wahrem hineintrug in seine Wendung zum Sozialreformer. Wilde erfuhr Prägungen, die sich heute kaum mehr denken lassen: Hugo, Baudelaire, Swinburne, das England der wachsenden Industrialisierung und Mechanisierung – die Vergangenheit erscheint einem schnell unvergleichbar aufregender als die Gegenwart. Auch was sich heute tut, werden erst die folgenden Generationen erfassen können. So ist das mit dem Leben, alles nicht einfach. Wenn man nicht aufpaßt, rauscht es schon allein aus Gewohnheit an einem vorbei, und hinterher weiß man nicht mal, ob man nun ein guter oder ein schlechter Mensch war. Na ja, okay, das weiß man nie. Wie sagt Wilde: »Kein Verbrechen ist gewöhnlich, aber Gewöhnlichkeit ist ein Verbrechen.« Wir werden gelebt durch das, was wir erleben. Jeder lebt sein Gesetz, und jeder hat ein Recht darauf. Womit wir wieder bei den komplizierten Freiheiten wären, zu denen gehört, die Gesetze der anderen Menschen um einen herum zu respektieren ... Prost, meine Lieben! Darauf, daß ich keine Politikerin geworden bin. Wenn ich manchen Menschen Glauben schenken darf, wünschten sie es sich gelegentlich, doch das hätte keinen Zweck. Zum einen finde ich es in der Politik einsam und furchtbar langweilig, zum anderen fehlt mir einfach der Ehrgeiz. Ich bin eigentlich stinkfaul, sonst wäre ich wohl auch etwas weiter gekommen im Leben. Aber mir fehlen die Ellbogen und der Konkurrenzgedanke. Schreckliche Vorstellung, mit meinesgleichen ins Rennen gehen zu müssen. Wer weiß, vielleicht wäre sonst auch eine echte Schauspielerin aus mir geworden? Aber das liegt mir nicht. Ich spiele nur mich selbst. Es gibt keinen wirklichen Unterschied zwischen der Bühnenfigur und der Lotti, die hier im geliebten Kämmerlein sitzt. Die Welt ist die Bühne, und das Stück läuft und läuft. Ist es ein Drama? Kommt drauf an. Victor Hugo sagte, wir alle seien zum Tode verurteilt, doch die Vollstreckung sei auf unbestimmte Zeit hinausgeschoben. Und genau diese Zeit ist unser Stück, sie gilt es auszukosten.

Es kommt zuweilen vor, daß ich hier sitze, herrlich allein und vor mich hinschreibend, und plötzlich das Gefühl habe, es schaut mir jemand über die Schulter. Es ist nicht Norman hoch zu Roß auf dem Bild hinter mir, er blickt versonnen durch mich, durch das Haus, durch die Stadt hindurch zum Horizont. Nein, es muß jemand anderer sein, der da angesichts meiner Notizen die Hände über dem Kopf zusammenschlägt. Vermutlich ein Engel. Dies würde vielleicht auch die gelegentlichen Differenzen in der Sherry-Karaffe erklären; auch ein Engel hat Durst. Immerhin hat so ein Wesen öfter mal in mein Dasein eingegriffen, das sonst längst an sein Ende gelangt wäre. Es gab so viele Zufälle, die ich ohne diesen still genießenden Begleiter nicht überstanden hätte. Ja, natürlich ist es Blödsinn, aber ich zweifle nicht daran. Wenn es Engel in deiner Seele gibt und du an sie glaubst, ist der Fall doch klar. Wie kann man sie dann noch in Frage stellen? Es gibt Engel für alles: für die Nacht, für die Zeit, für die Bars, für Zitronen, für Tiere, Pflanzen und Lottis. Sie sind der Ausgleich der Natur. Denn diese ist objektiv. Sie belohnt oder bestraft nicht. Sie zerstört und baut auf. Sie fragt nicht nach den Qualitäten der Menschen, die sie ins Nichts torpediert, oder nach den Tugenden derer, die sie noch ein wenig zappeln läßt. Es ist ihr Wurscht. Dafür hat's eben besagte Engel.

An vielen Tagen hatte ich meinen Engel neben mir sitzen. Noch heute trinke ich gerne mal ein Gläschen Champagner oder etwas ähnlich Angemessenes mit ihm, damit er mich weiterhin vor Schurken und zweifelhaften Charakteren bewahrt.

Aperol Royal
4 cl Aperol mit Eiswürfeln in einen Champagnerkelch
geben und mit Champagner auffüllen.
Mit einer halben Orangenscheibe komplettieren.

Das mögen sogar Erzengel – meiner Erfahrung nach. Auf einen seiner Kumpane habe ich zu Weihnachten mal ein Gedicht geschrieben:

Der Weihnachtsengel

Hoch vom Himmel, da komm ich her,
aber laßt euch sagen: Ich will nicht mehr!
Ich will mich wie ein Mensch betragen
und einmal aus vollem Herzen »Scheiße!« sagen.
Ich hab die Nase voll vom scheinheiligen Beten,
ich will tanzen auf wilden Feten!
Es kommt mir einfach lächerlich vor,
singen wir Engel zusammen im Chor:
»Friede auf Erden – und den Menschen ein
 Wohlgefallen«,
wenn an allen Ecken Schüsse knallen.
Da soll ich singen: »Freuet euch, oh
 Menschenheit!«
– Tut mir leid, tut mir leid.
Wenn Todesschreie die Nacht durchdringen,
da soll ich Halleluja singen?
Oh, Menschen, Menschen, was macht ihr bloß?
Bei euch ist ja der Teufel los!
Stände Jesus jetzt vor eurer Tür, im schlichten
 Gewand,
würdet ihr brüllen: »Raus mit dir, du Asylant!«
Nein – ich kann hier nicht bleiben auf Erden.

Aber was soll nur aus mir werden?
Der Himmel hat mich rausgeschmissen!
– Meine Lage ist mehr als beschissen.
Stille Nacht, heilige Nacht,
gebt acht!
Es kracht schon wieder.
Da nützen auch nichts die heiligsten Lieder!

Wenn jeder Tag der erste ist

Über mir an der Wand hängt ein Foto von zwei Reitern in leuchtendweißen englischen Uniformen, über ihnen strahlt der blaue Himmel Zyperns, und ihr Blick geht irgendwohin weit in die Ferne. Norman liebte dieses Bild, und wenn ich es betrachte, sehe ich ihn mir gegenübersitzen, wir prosten uns zu und streicheln uns mit Blicken. Erinnerung ist für mich keine Wehmut, sondern die Freude an dem, was war. So geht es mir auch, wenn ich an all die vielen Stunden denke, in denen Norman und ich uns hier gegenübersaßen und miteinander spielten. Ja, tatsächlich spielten wir jeden Tag unserer Ehe neu, täglich zwar mit den gleichen Ritualen, aber aufregend wie beim ersten Mal. Das war eines der Geheimnisse unserer Liebe. Zum Beispiel die wundervollen Sonntagvormittage: Schon auf Zypern begannen wir damit, in London setzten wir es fort, und hier im Kabäuschen erlangte das Spielchen seine Vollendung. Scheinbar ganz zerstreut und unbeteiligt, gingen wir irgendwelchen stillen Beschäftigungen nach, bis Norman plötzlich anfing: »Weißt du, *darling, my lips are very dry. Are your lips also very dry?*« – »*Yes, funny, my lips are also very dry. What could we do against it?*« – »*Oh yes, what could we do ... well, well, well. I suggest, we should*

Norman

have a bottle of champagne.« – »*Oh darling, what an original idea! I'm absolutely with you!*« Jahrelang war es jeden Sonntag morgen das gleiche: eine Flasche Champagner gegen die trockenen Lippen in der ruhigen Stunde vor dem Lunch, mal begleitet von Scampis, mal von anderen Snacks. Und jedesmal war es wie nie zuvor. So verschafften wir uns die Gegenwart unserer Liebe stets aufs neue. Natürlich kannten wir eine Vielzahl solcher kleinen Spiele: Wenn ich in der Badewanne saß, klopfte Norman stets an und spielte den Butler, mit dem ich ein Verhältnis hatte: »*Madam, may I have the impertinance to rub your back?*« – »*But certainly, why not?*« Und dann rubbelte er mich von oben bis unten ab, alle Gegenden meines Körpers. Sehr erotisch, jedesmal wieder. Diese Sicht auf den Lauf der Dinge habe ich mir behalten, bis heute. Jeder Tag ist der erste Tag, denn der zweite könnte schon der letzte sein.

Seither sind viele Tage und viele Longdrinks den großen Fluß hinuntergegangen. Nach Normans Tod begann für mich ein neues Leben. Aber den Grundstein hatte ich vorher gelegt. Ich trug ihn eigentlich schon immer mit mir herum, seit ich meinen damals noch jungen Körper am Strand von Schilksee nackt in den Wind warf und davon träumte, eine große, freie, ungebundene und natürlich äußerst berühmte Tänzerin zu werden. Nachdem Norman und ich diese Wohnung hier bezogen hatten, hatte ich zumindest erst einmal den Träumen anderer Mädchen auf die Sprünge geholfen und eine kleine Mannequin-Schule eröffnet. Doch nach seinem Tod trieb es mich selbst weiter zu den frühen Wünschen, die oft auch ganz einfache Bedürfnisse sind. Erst einmal mußte ich mich von meinem geliebten Mann seelisch befreien, mußte das Bild zerbrechen, das

die Leute von uns hatten, um zu sagen: Ich bin nicht die Witwe von Colonel Huber, meine Damen und Herren. Nein, ich bin Lotti Huber, einzig und allein. *Times have changed*, und ich selber auch. Nach diesem erleichternden Schritt habe ich gelernt, in einer neuen Art von

Liebe und Zuneigung an Norman zurückzudenken, ohne in die Vergangenheit zurückzufallen.

Die Zeit steht nicht still, sie verändert sich ständig. Es nützt nichts, sich an sie zu klammern, denn sie ist kein statisches Gebilde und trägt einen nicht. Mein Prinzip war immer, zu versuchen, die Zeit, in der ich gerade lebe, mitzugestalten.

Oft werde ich gefragt: »Frau Huber, möchten Sie nun, wo Sie älter werden, nicht noch einmal jung sein?« Um Gottes willen! Erstens werde ich nicht älter, sondern bin einfach alt, und zweitens bin ich froh, diesen langen Weg achtbar gegangen zu sein, wenn auch mit einigen Umwegen und einigem Stolpern. Mein zweites Buch trägt seinen Titel zu Recht: ›Jede Zeit ist meine Zeit‹. Das Leben ist für mich heute an jedem Morgen noch genauso neu wie vor zwanzig, vor vierzig, vor sechzig Jahren. Es ist anders, gut. – Auch gut! Dieses ständige lebenslange Zurücksehnen nach Jugend oder besser: nach dem Jüngersein – es ist ein Fluch! Wieso jünger sein wollen, Tag für Tag? Und damit das, was die eigentliche Jugend ausmacht, die innerliche Leichtigkeit, die aus der Zufriedenheit erwächst, auf ewig verschenken? Oder eben auch das Alter – das doch keinen minderen Wert hat – durch die Schwere des Grams und der ewig unerfüllbaren Sehnsucht nach der verlorenen Jugend?

Mein ganzes Leben lang passieren mir Dinge, die mir das alles stets aufs neue klarmachen. Allein meine kleine Nebenrolle in der deutschen Geschichte hat mich besonders nachdrücklich belehrt. Für so viele Men-

Mit den Geschwistern Walter und Kurt und Mutter Johanna

schen, mit denen ich gewisse Erlebnisse teile, wie Verfolgung, Konzentrationslager und Emigration, hört gerade diese Zeit ihres Lebens nie auf. Auch ich werde sie sicherlich nie vergessen und darf das auch nicht, aber ich versuche, anders mit der Erinnerung umzugehen. Im Gegensatz zu vielen anderen meiner Zeitgenossen erwarte ich nicht, daß die heutigen jungen Menschen diese Geschehnisse nachempfinden können. Erfahrungen lassen sich nicht übertragen. Ausgeschlossen. Auch wenn das erst relativ kurze Zeit her ist. Nein, ich lebe heute und versuche durch die Gegenwart dazu beizutragen, daß es nicht wieder so kommt. Ich will mich nicht darüber hinwegsetzen, daß viele dies nicht können; ich habe ein ganz eigenes Glück gehabt, es zu lernen. Aber ich habe es verstanden, meine Chance dazu auch zu nutzen. Als ich siebzehn Jahre alt war, noch in Kiel, erlebte ich die große, wunderbare Liebe. Er kam mir eines Tages auf der Straße entgegen, im Trenchcoat, mit blonden, sonnendurchleuchteten wehenden Haaren, mit Augen, so blau wie die Ostsee, und einem strahlenden Lächeln, das mich wie der Blitz traf und mir die Knie weich werden ließ. Hillert war der älteste Sohn des Oberbürgermeisters. Unsere Romanze war überschwenglich und herrlich und endete schließlich fern von den Eltern und der Kindheit in der großen weiten Welt, in einer Wohnung in Berlin, ganz hier in der Nähe, am Kurfürstendamm. Eines Morgens stürmte die Gestapo unsere Wohnung und verhaftete uns wegen des unglaublichen Verbrechens der Rassenschande. Mein geliebter Freund wurde, wie ich kurz darauf in der Haft erfuhr, im Gefängnis per Genickschuß von hinten erschossen. Sie ermordeten ihn, den starken blonden Sohn eines Bürgermeisters, weil er schlichtweg renitent war, sich gewehrt hatte oder weil sie halt gerade Lust darauf hatten. Wer weiß das schon? Verstehen konnte ich das alles sowieso nicht, als Tochter großbürgerlicher deutscher Eltern, die ihr Vaterland heilig hielten und sich ihres Vergehens der »falschen Rasse« erst sehr langsam und schmerzhaft bewußt werden mußten. Ich schaute nur verwundert auf das Geschehen um mich herum, saß im Gefängnis mit einer Vielzahl von Frauen aus allen gesellschaftlichen Schichten, sah manche von ihnen von eigener Hand sterben in jenen Tagen, weil sie sich ihre Situation klarer machten als ich. Auch ich wollte nicht mehr leben, als ich die Nachricht von Hillerts Ermordung erhalten hatte, doch wußte ich gar nicht, wie man das anstellt. Einen Tag später wurde ich verlegt, vom Gefängnis ins

Konzentrationslager, und so kam ich gar nicht mehr dazu, es herauszufinden. Seltsamerweise retteten mich die sich überschlagenden Ereignisse, denn in mir regte sich ein unbewußter Protest, eine Stimme, die sagte: »Mich kriegen sie nicht!« Außerdem konnte ich immer noch nicht begreifen, was eigentlich vor sich ging. Ich wußte einfach nicht, daß ich schon mit einem Bein auf der Rampe von Auschwitz stand. Diese Katastrophe, in die ich da »zufällig« geraten war, mußte doch irgendwann vorüber sein! So erhielt mich eine brisante Mischung aus Naivität, Zuversicht und Dummheit am Leben. Sonst hätte ich mit Sicherheit selbst den Tod gewählt. Wie schon Schiller sagt: »Nur der Irrtum ist das Leben, und das Wissen ist der Tod.« In diesem Fall stimmt es absolut.

Wenn ich von Dummheit spreche, ist es keine Koketterie. Ich meine die Dummheit der Jugend, die sich nur mit dem Weiterleben beschäftigt, unter welchen Umständen auch immer. Und die ganz naiv in Situationen hineingerät, über die sie gar nichts weiß. Ich hatte anschließend das unglaubliche Glück, von einer jüdischen Organisation freigekauft und nach Palästina geschickt zu werden – auch das erfaßte ich eigentlich kaum. Ich schaute mir alles an wie ein aufgeregter kleiner Junge, der von zu Hause ausgerissen ist und durch eine unbekannte Gegend irrt. Noch heute kann ich mich nur darüber wundern, was für ein Glück ich gehabt habe. Aber gleichzeitig berührt es mich seltsamerweise nach wie vor nicht sonderlich. Es hat mein Leben natürlich gelenkt und verändert, aber es hat mich nicht in letzter Konsequenz geprägt.

Die Vergangenheit und die Erinnerung treiben so manchen Schabernack mit uns. Sie werfen zuweilen die Zeiten durcheinander und zeigen uns Dinge, die schon lange nicht mehr existieren. Selbst mich mit meinem scheinbar abgeklärten Verhältnis dazu hat es schon manches Mal erwischt. Als ich nach einem Vierteljahrhundert zurück in Berlin war und die Leibnizstraße hinunterging, kam mir wieder ein junger Mann im Trenchcoat entgegen, die Sonne leuchtete durch seine wehenden blonden Haare ... Wie vom Blitz getroffen, lief ich auf ihn zu und rief: »Hillert! Hillert!« Sein Blick versetzte mich schlagartig in die Gegenwart zurück. Völlig entsetzt schaute ich ihm nach. Für einen kurzen Moment hatte ich mich in der Zeit verloren, hatte vergessen, was sein kann und was nicht.

Ich hätte viele, viele Gelegenheiten in meinem Leben gehabt, dazusitzen und zu denken, dieser ist tot, und jener ist gestorben ... aber hätte ich das gemacht, wäre ich schnell selbst scheintot gewesen. Viele Menschen habe ich getroffen, die das erleben mußten, viele Freunde und Freundinnen, die ihre Partner verließen oder auch verlassen mußten. Einige versuchten nach dem Krieg, sich wiederzusehen und dort wieder anzufangen, wo sie aufgehört hatten. Aber es war nicht mehr möglich. All die Jahre hindurch hatten sie einander in großer Liebe gedacht, und dann standen sie sich gegenüber, und es war aus. Das Geheimnis heißt Kontinuität, und wenn die nicht da ist, warum auch immer, kannst du die Liebe vergessen.

> Ich stand verborgen hinter einem Baum
> und wartete auf meinen Jugendtraum.
> Da trat ein Mann aus dem Haus.

Konnte es … war es …?
Nein, wie sah der denn aus?
Glatze, Bauch und Doppelkinn
– immer wieder sah ich hin.
Da strich er sich über die Stirn mit der rechten
    Hand,
diese Geste war mir mehr als bekannt.
Neben ihm stand eine Frau,
unter dem Hut die Haare silbergrau,
so grau, wie nach all den Jahren
auch meine Haare geworden waren.
Sie gingen fort, Arm in Arm,
ein altes Ehepaar, nicht ohne Charme.
Mehr und mehr entschwanden sie meinem Blick.
Ich verstand: Es gibt kein Zurück.
Die Blätter des Baumes raschelten leise
– mir war, als sängen sie die Weise:

Nach fünfzig Jahren ist alles vorbei,
nach fünfzig Jahren, wie es auch sei.
Bleib nicht an der Vergangenheit kleben,
beginn immer wieder ein neues Leben!

Skandale und andere Alterserscheinungen

Ende der fünfziger Jahre entschlossen meine Mutter, Norman und ich uns, unsere langjährige Wahlheimat Zypern zu verlassen. Norman reiste nach London voraus, um seinen Militärdienst zu quittieren und unser weiteres Leben zu regeln. Ich löste mein kleines Restaurant Octopus im Hafen von Kyrenia auf, und schließlich sagten meine Mutter und ich unseren griechischen Freunden good bye. Wir legten für einige Wochen in München Station ein. Meine Mutter wollte nach Berlin weiterziehen, und mich erwartete eine spannende Zukunft in der britischen Hauptstadt.

Die Tage in München waren ein aufregendes Wiedersehen mit Deutschland, dem Land, das uns so gedemütigt hatte und in dem Millionen den Tod gefunden hatten. Doch das spielte nach der Zeit in Palästina und fast fünfzehn Jahren Zypern seltsamerweise keine entscheidende Rolle mehr für uns. Unser Exil war Heimat geworden, unser einstiges Land gab es nicht mehr. Wer auf eine solche Wanderung geschickt wird, kehrt nicht nach Hause zurück, sondern hat es überall dort, wo er gerade leben will und kann. Meine Mutter wollte nun trotz ihres Alters noch einmal versuchen, die verlorene

Heimat wieder zu erleben. Sie war natürlich sehr viel mehr mit Deutschland verwachsen als ich.

Das Münchner Leben war außerordentlich neu für uns. Wir wohnten in einer kleinen, gutbürgerlich geführten Pension und schlossen Bekanntschaft mit der damals verbreiteten seltsamen Mischung aus altdeutscher, bayerischer Gemütlichkeit und dem Chic der Wirtschaftswunderzeit. Draußen auf den Straßen betrachtete ich neugierig das Tempo und die Stimmungen von Mode, Verkehr und Kunst. An einem großen Kino war ein Plakat angeschlagen mit einem Charakterkopf, der mich mit seinen markanten Zügen, dem durchdringenden Blick und dem wallenden blonden Haar stark an Hillert erinnerte. Es war eine Matinee mit einem Schauspieler namens Klaus Kinski. Ich nahm mir vor, mir diesen hinreißenden Typen und mit ihm das neue deutsche Theater mal näher anzuschauen, und bekam durch Zufall auf der Straße noch ein Ticket für das ausverkaufte Haus. Vor dem Kino standen Leute, die eine Karte zuviel hatten und sie mir anboten. So saß ich nun exotisch und braungebrannt in der dritten Reihe, mitten unter der Elite Münchens, und wußte nicht, was kommt. Kinskis Auftritt überzeugte mich, er war wundervoll in seinem schwarzen Samtanzug, wie ein englischer Lord aus längst vergangener Zeit. Das Publikum hielt gespannt den Atem an. Auf dem kurzen Programm seiner One-man-show stand auch Schillers Ballade ›Die Bürgschaft‹, und er legte in seiner expressiven Betonung und Interpretation gewaltig los: »Zu Dionys, dem Tyrannen, schlich ...« An der Stelle »Was wolltest du mit dem Dolche, sparich ...?« bekam ein dicker Mann in der ersten Reihe einen impulsiven Lachanfall, und Kinski brach auf der Stelle ab und starrte ihn an. Im Publikum atemloses Entsetzen! In England wäre das ein Grund gewesen, diesen genialen Kerl von der Bühne zu werfen, doch hier zitterte der ganze Zuschauerraum vor ihm. Und Kinski: »Wer hat da gelacht?« Großes Schweigen. Daraufhin verschränkte er erst die Hände vor der Brust, um schließlich dem Frevler mit großer Geste die Tür zu weisen: »Mach, daß du rauskommst, du Schawein!« Dann fuhr er fort »... entgegnete ihm finster der Wüterich.« Daraufhin bekam nun ich einen fürchterlichen Lachanfall, ich war vollkommen außer mir. Ich nahm mein Taschentuch vors Gesicht und zuckte am ganzen Leib, woraufhin meine besorgte Nachbarin dachte, ich sei erschüttert vor Entsetzen, und mich beruhigen wollte: »Aber liebes Kind, regen Sie sich doch nicht so auf! Weinen Sie doch nicht!« Ich weiß nicht mehr, wie ich aus dem Theater kam, aber noch den ganzen Weg zur Pension zurück lachte ich wie von Sinnen. Auf die Frage meiner Mutter, die natürlich dachte, ich sei jetzt endgültig durchgedreht, konnte ich nur sagen: »Liebling, es ist alles in Ordnung. Ich habe nur das neue deutsche Theater kennengelernt!« Es war ein großes Erlebnis in dieser seltsamen Zeit des »Besuchs« im fremden, eigenen Land. All jene Eindrücke wurden zu Fotos, wie man sie im Urlaub aufnimmt. Das wahre Bild des Landes zeigen sie nie.

Kinski war in jenem Deutschland Tag für Tag ein kleiner Skandal, heute bin ich selbst – ohne mich freilich mit ihm vergleichen zu können und zu wollen – gelegentlich ein solcher »Vorfall«, und das ist eine sehr schöne Rolle. Auch und gerade, weil man ständig gegen die Voreingenommenheit der Menschen angehen kann. Derer sind einige, selbst heute noch, da sich viele entschieden haben, mich zu mögen. Allein des Alters wegen ... Wie oft höre ich: »Frau Huber, wie geht es Ihnen denn?« – »Danke, gut.« – »Schonen Sie sich denn auch genug? Was machen Sie denn so?« – »Na, ich arbeite sehr viel.« – »Ach, das ist gut. Dann haben Sie nicht so viel Langeweile!« Na, danke schön! Das muß ich mir sagen lassen, von alten Frauen, die für den Rest ihres Lebens die Langeweile gepachtet haben! Sie meinen es gut mit mir, aber wenn ich das höre, kriege ich das große Kribbeln sonstwo. Was für eine Einstellung: Der Tag ist dazu da, die Langeweile zu bewältigen! Vielleicht verständlich, aber undenkbar für mich. Jedoch scheint es sich nicht zu gehören, in meinem Alter etwas anderes darüber zu denken.

Es gibt Menschen, die bereits jetzt, zwei Jahre vorher, den Silvesterabend 2000 minutiös durchplanen. Auch für mich sind einige Vorhaben notiert, aber ich trage eine große Sicherheit in mir, daß alles doch wieder anders wird als gedacht. Vielleicht lebe ich gar nicht mehr – und wenn doch, dann feier ich möglicherweise lieber hier an diesem Tisch, mit einem kleinen Glas Champagner zwischen den anderen köstlichen Getränken, und erfreue mich allein meiner Anwesenheit. Lotti 2000: Prost! Bis dahin ist es jedoch noch so viele Tage hin ... und ein jeder ist anders.

Man muß nur ein wenig flexibel sein. Ordnung und Starrheit sind fürchterliche Zustände, sie rauben uns Menschen den Verstand, sofern vorhanden. Bei manchen Leuten ist es schon ein Scheidungsgrund, daß die Zahnbürste mal verkehrt herum liegt. Dabei ist das Chaos doch nicht nur ein Bestandteil, sondern die Seele des Daseins, der Kern und die Grundlage. Ich könnte ohne das kleine große Chaos gar nichts mehr machen, denn sonst wäre das Durcheinander, das das Leben so mit sich bringt, doch nicht auszuhalten! Nein, es kann nur heißen: Ab durch die Mitte. Dort ist es meist etwas unübersichtlich. Aber was gibt es Schöneres als ein Lebensende in kreativem Chaos? Es ist doch eine Vorstufe, eine Art Vorbereitung auf das Nichts. Nichts läuft wie geplant, und alles kommt, wie es kommt. Was würde besser dazu passen als ein Port in a Storm?

Port in a Storm
Einige Eiswürfel mit 5 cl rotem Tawny-Portwein
und 2 cl Cognac in ein Longdrinkglas geben,
mit 12 cl leichtem Rotwein auffüllen und gut umrühren.
Eine halbe Orangenscheibe in den sicheren Hafen des
Glases gleiten lassen.

Wie in jeder halbwegs amüsanten Bar gibt's hier im Kabäuschen natürlich auch ein Tischtelefon, und hätten die Wände Ohren, stünden sie schon schief vor Lachen. Gerade vorhin rief mich wieder eine Frau älteren Semesters an und meinte, in unserer letzten Sendung der Mitternachtsshow hätte ich ausgesehen wie eine vergessene Vogelscheuche, und Thomas neben mir wie ein Topf Milchreis. Na ja, so sehr ich diese Ausdrucksweise schätze, ich glaube, die Frau trägt ein gerüttelt Maß an Komplexen mit sich herum – und wenn ich ihr dabei helfen kann, damit fertig zu werden, will ich doch glücklich sein!

Von vielen Anrufern bekomme ich natürlich auch Zustimmung und rührende Solidaritätserklärungen, doch manchmal betrübt es mich ein wenig, daß diese Menschen mit ihrem eigenen Leben so anders verfahren und mich mit Komplimenten versehen, um nicht selbst über die Stränge schlagen zu müssen. Das ging mit dem ersten Buch los, mit der ›Zitrone‹. Da rief mich eine Dame an und meinte, sie sei fünfundsiebzig, lese sehr viel und schreibe auch selbst. Sie fände meinen Esprit gut, aber warum müsse ich denn so schrecklich ordinär sein? »Also, ich finde das wirklich nicht schön. Und auch Ihre Verse, die Sie sich da zusammenreimen, die sind fürchterlich! Wie kann man in Ihrem, in unserem Alter bloß so hemmungslos ordinär sein?« Man kann, ich kann. Es ist sicher richtiger, als alles in sich hineinzufressen. Die Verse – na ja, so sind sie eben. Frei heraus. Ich las der Anruferin dann ein schönes Gedicht vor, aus einem Buch, das ich gerade im Regal hinter den Scotchflaschen gefunden hatte (weiß der Teufel, wie es dort hingelangte):

> Ein junger Mensch, ich weiß nicht, wie,
> starb einst an der Hypochondrie.
> Und ward dann auch begraben.
> Da kam ein schöner Geist herbei,
> der hatte seinen Stuhlgang frei,
> wie's denn so Leute haben.
> Der setzt' notdürftig sich aufs Grab
> und legte da sein Häuflein ab.
> Beschaute freundlich seinen Dreck,
> ging wohl eratmet wieder weg
> und sprach zu sich bedächtiglich:
> »Der gute Mensch, wie hat er sich verdorben!
> hätt er geschissen, so wie ich,
> er wäre nicht gestorben!«

Das, meine lieben Freunde, ist vom hochverehrten Johann Wolfgang von Goethe. Die Anruferin war natürlich schockiert, aber auch in höchstem Maße verunsichert, als ich ihr den Autor nannte. Ich finde es schade, wenn ich merke, daß jemand sein Leben lang verklemmt war, auch sexuell, und nicht zu seinem Körper und seinen Phantasien steht. Wer auch immer es ihnen ausgetrieben hat, sie haben es sich nie selbst wieder eingetrieben.

Damit meine ich natürlich nicht, daß sich unser Alter noch wild herumtreiben sollte. Aber diese Selbstkasteigung des Alters – man hat eben frustriert zu sein und ein wenig dümmlich. Damit die Pfleger im Altersheim nicht so viel Arbeit mit uns haben. Wenn noch Leben in einem steckt und man dies auch noch sagt, dann tickt man halt nicht mehr richtig. So einfach ist das. Statt das Alter hochzuschätzen, wie in anderen, angeblich nicht so »modernen« Ländern, in denen die Alten besucht und gefragt werden, um von ihnen zu lernen, etwas zu erfahren. Um eine Menge Tradition, aber auch ein Paket Gedanken über den Wandel, den Fortschritt des Lebens mit auf den Weg zu bekommen. Um sich eine Portion unverkrampftes Denken bei ihnen abzuholen. Hierzulande darf es scheinbar kein Vergnügen sein, in die erfahrenen Jahre zu kommen. Aber ich sage mir: Dazu gehören zwei! Wer nicht will, der will nicht. Wer immer da am anderen Ende der Leitung auch schimpft, stets sage ich: »*Cheers, darling!* In einen alten Körper gehört ein freier Geist!« Was bleibt einem denn sonst noch? Ich selbst hatte seit Normans Tod kein körperliches sexuelles Erlebnis mehr. Mein Bedarf war einfach gedeckt. Es gab zwar ein paar Männer, die sehr gerne eine Beziehung mit allem Drum und Dran mit mir angefangen hätten, und ich war auch noch ganz attraktiv, aber ich wollte meine neue Freiheit behalten und zudem nicht meine unsichere Situation mit jemandem teilen müssen. Das sexuelle Verlangen war bei mir schon immer nicht allein darauf ausgerichtet, nur mal eben mit jemandem ins Bett zu hüpfen. Nicht aus moralischen Gründen, sondern wohl aus einer Veranlagung heraus. Ich brauchte Leidenschaft und Liebe dazu, und wenn die oder zumindest ein gewisser magischer Moment nicht da waren, konnte ich auf den sportlichen Teil getrost verzichten. Ich finde, wer Sexualität nur als

Lustakrobatik und seelenlos erlebt, dem bleibt das wesentliche Element des Seins versagt: die Liebe. Mit ihr zusammen ist sie jedoch der Himmel auf Erden. Aber aus Altersgründen keinen Sex mehr praktizieren oder nicht mehr über ihn reden zu dürfen, den man sein Leben lang genossen hat, ist doch eine verlogene Konzession an das Klischee vom still abwartenden Gnadenbrotempfänger. Wieso sollte man verleugnen, was einst in jungen Jahren so verheißungsvoll und prikkelnd in einem wuchs? Wozu kam es denn in unser Leben, wenn nicht dazu, uns bis zur letzten Sekunde zu prägen und zu erfreuen?

Als ich in die Oberprima des Lyzeums ging, waren gerade die neuen Gesetze durchgekommen, die auch Frauen erlaubten, auf die Universität zu gehen. Das war natürlich etwas für mich, und auch meine Mutter war ganz begeistert und stolz. Selbst das Abitur war für uns damals noch etwas Grandioses, beinahe elitär. Heute braucht es ja jeder, der beim KaDeWe Ölsardinen in die Regale räumt. In jenen Jahren bedeutete es eine gesicherte Zukunft. Nun gab es also für uns Mädchen auch noch den Einblick in die Männerdomäne der Universität. Bereits in der Oberprima wurde uns gestattet, als Gasthörerinnen zu einigen Vorlesungen zu gehen, und dort war so manches zu entdecken, was weitaus spannender war als die Reden der Professoren. Eines Tages entdeckte ich vor mir auf dem Tisch einen entzückenden kleinen Spruch, sorgfältig in den Tisch geritzt: »Das Schönste ist auf dieser Welt, wenn ein Mädchen stillehält.« Und darunter stand, ebenso ordentlich geschrieben: »Nein, Herr Doktor Busse, ein bißchen wackeln musse!« Die Vorlesung war natürlich angesichts der inneren Verbildlichung dieser Zeilen für mich gelaufen. Neulich erinnerte ich mich dieser kleinen Begebenheit und schrieb einen Song, der übrigens auch auf einer neuen Single erscheinen soll. Ich bin schon ein wenig gespannt, ob sich die ältere Dame noch mal telefonisch meldet ...

>   Das Schönste ist auf dieser Welt,
>   wenn ein Mädchen stillehält.
>   – Nein, Herr Doktor Busse,
>   ein bißchen wackeln musse!
>
>   Als Monika geboren war,
>   da lag sie stumm und stille da.
>   Die Amme rief: »Beweg dich mal!«
>   doch Monika war das egal.
>   Als Moni in die Schule ging,
>   da war sie auch nicht gerade flink.
>   Andauernd blieb sie sitzen
>   und ließ die andern schwitzen.
>
>   Das Schönste ist auf dieser Welt ...
>
>   Und als der erste Jüngling kam,
>   da wurde sie erst richtig lahm.
>   Sie wollte gar nichts wissen
>   von Liebe und vom Küssen.
>   Trotzdem wurd sie 'ne schöne Maid;
>   bald stand sie da im Hochzeitskleid.
>   Die Hochzeitsnacht im Spitzenhemd
>   hat Monika total verpennt ...
>
>   Das Schönste ist auf dieser Welt ...

Und dann kam die Hausfrauenpflicht,
die gefiel der Moni überhaupt nicht.
Sie wollt und konnt nicht kochen
– ihr Mann wurd' Haut und Knochen.
'ne Therapie, die Moni machte,
war ein Reinfall, der nichts brachte.
Man muß schon selber ackern
und sich durchs Leben rackern.

Das Schönste ist auf dieser Welt …

Wenn Monikas Mann zur Arbeit eilte
und sie allein zu Hause weilte,
klopfte es leise an die Tür.
Ein Mann trat ein –
Monika verwundert: »Was will der hier?«
Er nahm den Hut ab,
zog den Mantel aus
und benahm sich so,
als wäre er zu Haus.
Dabei sprach er kein einziges Wort …
War er vielleicht am falschen Ort?
Er legte sich zu Monika ins Bett,
das fand sie eigentlich ganz nett.
Als er leidenschaftlich Liebe machte,
rief sie: »Sachte, sachte!«
und wunderte sich in einem fort.
Der Mann sprach mit ihr kein einziges Wort.
Dann setzte er den Hut wieder auf,
zog den Mantel an,
und ging wie gekommen wieder von dann'.
Und so geschah es jeden Morgen
– Monika machte sich ernsthafte Sorgen.

Sie fühlte sich völlig überrollt.
Was hatte der Fremde nur von ihr gewollt?

Das Schönste ist auf dieser Welt ...

Menschen, die im fortgeschrittenen Alter mit sich selbst nicht zufrieden sein können, werden im Innersten einsam sein und bei jeder Gelegenheit mißgünstig auf diejenigen schauen, die das Leben nehmen, wie es nun mal ist. Ein paar Monate nach dem Tod Normans wurde ich auf eigenartige Weise krank – auch aus seelischen Ursachen. Ich konnte plötzlich kaum noch sehen, doch war dafür kein körperlicher Grund zu finden. Zur gründlichen Untersuchung begab ich mich in eine Klinik in Grunewald und lag dort auf einem Zimmer mit drei einsamen alten Damen ... Als ich die so sah, ging's mir direkt wieder besser! Eine Nachbarin und gute Freundin besuchte mich regelmäßig, brachte stets ein Fläschchen Alkohol mit und entführte mich auf das frühsommerlich warme Dach des Krankenhauses. Wenn wir uns kichernd wie zwei Schulmädchen aus dem Zimmer stahlen, schauten uns drei bitterböse Augenpaare nach. Die werden gelitten haben, während wir dort oben saßen und uns mit feinen Whiskeys dem Sonnenuntergang entgegensoffen – so stilechte *sundowner* hatte ich lang nicht mehr gehabt! Wenn ich dann singend beschwingt ins Bettchen stieg, hörte ich sie zischen in ihren Federn nebenan! ... Etwas unangenehm wurde es nur, als ich eines Morgens noch mal untersucht werden sollte, nüchtern natürlich. Ich hatte nicht gedacht, daß die das so wörtlich nehmen! Kaum hatte der Arzt einen leisen Verdacht geschöpft, zeigten drei entrüstete Damen mit dem Finger auf mich: »Die war den ganzen Abend nicht hier, die hat getrunken auf dem Dach!« Donnerkiel, da war was los in der Klinik; das hatten sie noch nicht gehabt. Mir ging's schlagartig wieder blendend, und sie waren mich schnell los.

Nach Normans Tod war es aber auch für mich nicht einfach, mich dem Leben wieder völlig neu zu stellen. Ich hatte ihn so geliebt, anders als Alec, meinen ersten Mann, den ich als Freund unendlich schätzte, aber für den ich nie ein derart tiefes leidenschaftliches Gefühl hatte. Nun stand ich alleine in unserer großen Wohnung, empfing die Tanzschüler meines neu gegründeten Tanzstudios – die Arbeit mit den angehenden Modellen war mir etwas zu frustrierend geworden – und wurde empfangen: von Normans englischen Freunden, auf der einen oder anderen Cocktailparty. Den Gästen, meist englischen und amerikanischen Offizieren, wurde ich stets vorgestellt, wie es sich gehörte: »*This is Mrs. Huber, the widow of Colonel Huber!*« Eines Abends hielt ich es nicht mehr aus. Ich fuhr nach Hause, rauschte in unsere ausnahms- und sentimentalerweise sehr aufgeräumte Bar und nahm Normans Portraitfoto von der Wand. Warum hatte er mich alleine zurückgelassen? Warum ahnte ich schon, trotz meiner unverminderten Liebe zu ihm, daß das Leben auf diese Weise noch einiges mit mir vorhatte? Und warum war ich bei allen gesellschaftlichen Anlässen nur noch die Witwe, die Übriggebliebene? »*Enough is enough!*« rief ich, warf das Bild auf den Boden und war frei. Auch meine Liebe war wieder frei, frei von der Bindung zu ihm und frei für mein Leben.

Die Zimmer der großen Wohnung waren bald vermietet, vor allem aus finanziellen Gründen. Doch da-

durch war ich nun jederzeit, wenn ich wollte, in neuer, anregender und junger Gesellschaft. In den folgenden Jahren gab es unendlich viele Bekanntschaften – und mit der Zeit einen neuen kleinen Kreis sehr intimer Freundschaften. Nicht zu viele, denn bei der Entwicklung der Dinge hätte ich mich um die Mehrzahl der Beziehungen nicht in der Weise kümmern können, wie es sich gehört. So lernte ich, mich an die wirklichen Freunde zu halten, mit ihnen zu leben und zu arbeiten. Mit den anderen ging ich feiern und alles, aber blieb auf Distanz; anders wäre es kaum gegangen. Also, einsam war ich jedenfalls nie, und der Wunsch, auch mal alleine zu sein, versteht der, der ein Freund ist, nur allzugut. Denn das gehört zum gemeinsamen Leben unbedingt dazu.

In den letzten Jahren wurde ich häufig gefragt, was ich mir noch erträume im Leben. Ehrlich gesagt: ausgesprochen wenig. Denn ich erträume es mir nicht, ich mache es. Was nicht mehr oder sowieso nicht geht, träume ich auch nicht. Ein Motiv jedoch kehrt oft in meinem Schlaf wieder, und es handelt seltsamerweise von Menschen, die ich sehr liebte und die auf tragische Weise aus dem Leben gingen. Nach der tagträumerischen Begegnung mit Hillert passiert es des Nachts öfter: Ich treffe verstorbene Freunde und Verwandte auf der Straße und will auf sie zugehen, doch sie ziehen schweigend an mir vorbei, ohne mich zu bemerken. Ich habe noch nie eine glückliche Begegnung geträumt. Ich kann sie nicht mehr erreichen. Das ist natürlich im Moment des Aufwachens und Erinnerns deprimierend, aber auch höchst interessant. Denn es deckt sich mit meiner Überzeugung, niemanden von ihnen wiedersehen zu wollen, selbst wenn es möglich wäre. Manche Menschen sind fast entrüstet, wenn sie das hören. Aber was vorbei ist, ist vorbei. Wenn mir heute plötzlich Norman gegenüberstünde, er wüßte doch kaum noch etwas mit mir anzufangen: Schauspielerin, Enfant terrible, fünfundachtzigjährige Moderatorin. Wir würden nur noch aneinander vorbeireden, wahrscheinlich nach wie vor in der feinen englischen Art: »*Darling, darling, this is entirely beside the point!*« Nein, das lohnt nicht die Flugkosten aus dem fernen Nichts zu mir an die Hausbar. Außerdem vertrüge er doch bestimmt keinen Gin mehr nach der langen Zeit und würde nur stundenlang betrübt auf meinen eiskalten Orange-Blossom schauen, bis ich es nicht mehr aushielte und ihm zumindest damit die Lippen netzte – um Himmels willen, ein beschwipster Geist ... Wo führt das alles hin?

Orange-Blossom
Je 2 Likörgläser Gin und Orangensaft im Shaker
auf Eis schütteln und abseihen.

Eine Zitrone und ihre Folgen

Manchmal stehe ich oben auf der Bühne, singe ein Lied oder lese etwas aus der ›Zitrone‹, und plötzlich wie aus heiterem Himmel sage ich etwas, mit dem ich selber noch Sekunden vorher nicht gerechnet habe. Das Publikum windet sich vor Vergnügen, und ich denke bei mir: Bin ich eigentlich wahnsinnig geworden? Was mache ich hier? – Das sind Momente, die nicht lange dauern. Ein Blick ins Parkett, ein Räuspern ins Mikrophon, den, wenn überhaupt vorhandenen, verlorenen Faden aufgegriffen, und schon sind sie wieder weg, diese Fragen. Sie gehören eben auch dazu, anders geht es nicht.

Die ›Zitrone‹, mit der noch einmal so viel begann: Auch das ist schon wieder mehr als acht Jahre her ... Das Manuskript war von einigen Verlagen aufgrund seiner unziemlichen Ausdrucksweisen für die Dinge des Lebens abgelehnt worden, und ich hatte es auf den Stapel der zurückgestellten Vorhaben gelegt. Die Antwortbriefe der Lektoren waren eindeutig: »Sie sollten es nicht tun ... Sie müßten dies und jenes ändern ...« Einer schrieb mir: »Frau Huber, so geht es nicht. Wir führen in unserem Verlag eine reine Sprache!« Und ich erwiderte: »Verzeihen Sie außerordentlich, aber meine

Mit Helmut Lotz im Kabäuschen

Worte sind nicht mit Persil gewaschen!« Doch eines Tages meldete sich auf Vermittlung einer Freundin ein junger Berliner Verleger, der eine Reihe mit Autobiographien starten wollte, und Helmut Lotz fragte mit seinem unnachahmlichen Charme: »Liebe Lotti, darf ich dein Buch verlegen?« – Er hatte gewonnen. Daß es auch für mein Leben ein erheblicher Gewinn an Bewegung war, wußte ich noch nicht. Täglich riefen in der ersten Zeit die Menschen an, um über das Buch, die Liebe oder die Brötchenpreise zu diskutieren, und ich merkte, daß sich plötzlich auch sehr viele ältere Menschen dafür interessierten. Und Verlage: »Warum haben Sie denn nicht mit uns darüber gesprochen…« – »Ich habe Sie gefragt, aber Sie haben mir nicht geantwortet! So ist das Leben, mein Guter…« Plötzlich änderte sich auch das Publikum der Shows, es wurde bunt gemischt, quer durch den Garten. Noch immer bekomme ich Briefe, in denen steht, daß auch andere Zitronen noch sehr viel Saft hätten, daß es ihnen nur vorher noch keiner gesagt hätte. So ein Effekt beglückt mich natürlich ungeheuer. Immer wieder passiert es, daß mir Leute sagen, sie seien voller Angst gewesen und hätten nicht weitergewußt, aber nachdem sie Rosa von Praunheims Filme und meine Bücher verstanden hätten (und das sei vorher nicht gerade ihr bevorzugter Kulturgenuß gewesen), sei in ihnen etwas aufgebrochen. Sie hätten sich von ihrem Ehepartner getrennt, hätten endlich ihr Coming-out gehabt, seien nach langer Unentschlossenheit in die Welt gezogen, hätten Gin-Tonic zu trinken begonnen – eindrucksvolle und mitunter auch wunderschöne Dinge erzählten sie. Erstaunlich, denn das hatte ich mir nicht vorgenommen. Schließlich will ich niemandem einen Weg zeigen, sondern nur darauf hinweisen, daß da noch ein paar Türchen offenstehen.

Heutzutage gehen sehr viele Menschen in irgendwelche Therapien für oder gegen etwas. Für mich war das nie etwas. Das Leben selbst ist mir Therapie genug. Mir fehlt die Sensibilität dafür, also kann ich diese Art Hilfe von außen nicht empfangen. Ich muß es selbst in die Hand nehmen, sonst fühle ich mich ausgeliefert. Vor zwei Jahren war ich wegen so mancher kleinen Altersmalaisen mal wieder kurz im Krankenhaus, und auch dort arbeitete eine Betreuerin, die sich auf die Bettränder deprimierter Patienten setzt und schaut, wo sie helfen kann. Sie kam auch in mein Zimmer, voller Hoffnung auf einen hoffnungslosen Fall, und kurz überlegte ich, ihr boshaft die Leidende vorzuspielen. Dies erschien mir aber doch zu gemein, und so meinte ich nur: »Schätzchen, sollen wir das nicht mal anders-

rum machen? Du legst dich hierhin, und ich rede auf dich ein ... Schau, wir brauchen uns doch beide nicht, oder?« Zuerst war sie geknickt, aber dann baute ich sie wieder auf. Na ja, die meisten Therapeuten werden eben Therapeuten, weil sie selber einen Knall haben. Was ist auch schlimm daran? Warum sollen sie anders sein als wir? Sie sollen nur nicht anders sein wollen, denn dann wird's unangenehm. Wir stehen doch alle gemeinsam auf dieser großen Bühne; wer muß da so genau wissen, wer Arzt ist und wer Patient? Ich nicht.

Nach der ›Zitrone‹ gab es natürlich eine Unmenge Fernsehshows und Interviews, und plötzlich meldete sich eine Unzahl bester Freundinnen und Freunde bei mir, die alle sagten: »Wir haben es doch gewußt, wir haben mit dir gebangt und gezittert, und nun ...« Vielen Dank, aber da bin ich unsentimental. Einmal klingelte es an der Wohnungstür, und draußen stand eine sehr, sehr alte Frau, erschreckenderweise ungefähr in meinem Alter, und meinte, wir seien zusammen zur Schule gegangen, hätten dieselbe Bank gedrückt. Ich sei doch so und so gewesen ... Als sie mir schließlich die Fotos ihrer Katze samt Schwiegersohn und Enkelchen zeigte, bekam ich eine Krise und komplimentierte sie sachte hinaus. Es interessierte mich einfach nicht. Fast siebzig Jahre hatten wir uns nicht gesehen ... dann brauchen wir das auch heute nicht, sofern es nur um *sentimental reasons* geht. Bleibt ihr in eurer Zeit, ich lebe in meiner.

Es gibt Partys, bei denen Leute auf mich zukommen und sagen: »Wie schön, daß wir uns endlich, endlich kennenlernen.« Und ich: »Ja ja, Sie haben wahrscheinlich recht.« Dann besprechen wir kurz die wichtigen Dinge, das Buffet und manchmal auch die Außentemperaturen, und natürlich, wie entzückend es ist, sich endlich ... Nach einer Weile stehen wir auf, ich sage noch: »... freue mich außerordentlich ... kennengelernt zu haben!« und wir machen Shakehands und gehen auseinander. Auf Nimmerwiedersehen. Aber endlich, endlich haben wir uns mal richtig kennengelernt ... Na ja. Sie merken schon, diese Dinge interessieren mich nicht besonders. Viel lieber sitze ich hier und lerne eine neue Sherrymarke in- und auswendig kennen oder schreibe ein wenig und denke in die Stille hinein. Bis es klingelt und ...

Die Reaktionen auf das Buch und alles, was nun kam, wurden zu großen Ereignissen in meinem Leben, und sie öffneten mir die Türen zu einem Publikum, das ich sonst nie gehabt hätte. Das mir sehr viel Schönes mit auf den Weg gibt, nach wie vor. Das manchmal auch in mir jemanden sieht, unvermeidbar anscheinend, als den ich mich gar nicht sehe.

Ambivalent

Ich bin total ambivalent,
ich hab zum Zwiespalt ein Talent.
Ich geh hinein in jede Szene,
und Langeweile hab ich keene.

Ich schlüpfe rein – ich schlüpfe raus.
Routine ist mir stets ein Graus.
Und wenn der ganze Schnee verbrennt,
ich bleib und bin ambivalent.

Ich bade gerne in Champagner,
doch nicht allein, nur miteinander.
Erotik treib ich anstatt Sport,
am allerliebsten immerfort.

Zum Gläschen Wein sag ich nicht nein,
mal darf es auch ein Wodka sein,
da bin ich völlig ungehemmt.
Ich bin total ambivalent.

Die Liebe kommt, die Liebe geht,
zum Neuanfang ist's nie zu spät.
Der Ehesex ist oft verklemmt,
drum geh ich auch so gerne fremd.

Politik tu ich vermeiden,
ich kann und will mich nicht entscheiden.
Mal seh ich rot, mal seh ich grün,
mal seh ich überhaupt nicht hin.

Mal bin ich unten und mal oben,
und geht es nicht – dann wird's geschoben.
Ich hab das Leben nicht verpennt,
ich bin total – ambivalent.

Viele der Menschen, mit denen ich in Kontakt komme, finde ich im übrigen ungemein interessant. Über die wird nie groß in der Öffentlichkeit gesprochen. Sie machen beeindruckende Dinge in ihrem Leben, helfen anderen Menschen, ohne ein Wort darüber zu verlieren – und das ist doch viel großartiger, als auf der Bühne einen Witz zu erzählen. Manchmal fühle ich, daß mich das beschämt. Da steht eine Frau vor mir und sagt, daß sie mich wunderbar findet. Sie selbst aber arbeitet als Krankenschwester mit Kindern irgendwo in Afrika. Das sind mir die guten, wertvollen Menschen, nicht die mit dem Chichi dort oben am Mikrophon. Ob die Huber da steht oder nicht, ist nicht wirklich wichtig. Das ist kein *fishing for whatever*, es ist durchaus ernst gemeint. Daß auch mein Kram irgendwem etwas bringt, okay, kann sein.

Es liegt mir fern, mich gegen die zauberhaften Kommentare und Reaktionen auf mein Treiben zu wehren, dafür freue ich mich viel zu sehr darüber, immer wieder, und mitunter fühle ich mich auch geehrt. Doch die Ehre gebührt nicht alleine mir, sondern auch Thomas, Monique und all meinen anderen Mitarbeitern. Monique und ich haben uns vor kurzem voneinander getrennt, nach vielen Jahren. Manchmal muß man sich eben entgegen der Gewohnheit dazu entscheiden, neue Wege zu gehen, so wichtig mir die Zeit mit ihr heute noch ist. Unzählige gemeinsame Stunden verbrachten wir nicht nur auf und hinter irgendwelchen Bühnen, sondern auch hier zu Hause, in Küche und Salon, doch am liebsten und effektivsten im Kabuff, an diesem wundervollen Tresen, der sich als ganz normaler Tisch zu tarnen weiß und auf dem Unmengen von Texten entstanden, von dem herab Berge an Konzepten und Manuskripten zu Boden fielen, weil der Platz nicht mehr reichte für die ganzen Vorhaben und Pläne. Monique sammelte stets alles auf, was ich an Notizen und Skizzen unter mich gehen ließ, und sie hatte die seltene Gabe, es auch nach Jahren zum genau richtigen Zeitpunkt hervorzuholen. Dann las ich es, sagte: »Was? Das ist von mir? Hervorragend!« und wieder mal hatte eine Idee ihren Platz gefunden in dem kleinen Chaos hier.

Monique und ich sind völlig verschieden, von Grund auf. Vielleicht hat es auch deshalb so lange gut geklappt mit uns. Wir haben unablässig miteinander gerungen, sehr viel gelernt und ziemlich viel Sherry miteinander getrunken.

Sherry-Flip
1 Cocktailglas Sherry mit 12 Eigelb und
1 Teelöffel Zucker in einen Shaker geben und schütteln.
In ein Flipglas abseihen und mit einer Prise
geriebener Muskatnuß bestreuen.

Ich sei eine Herausforderung für sie, menschlich und intellektuell, meinte sie oft. Na ja, das gleiche war sie für mich. Zusammen funktionierten wir ausgezeichnet! Nun gut, jetzt wird wieder alles neu – warum auch nicht? Das Alter schützt einen nicht vor der Zukunft.

Ist gewesen, ist gewesen, ist nicht da!

Monique und ich kommen beide aus Kiel und sind in verschiedenen Zeiten – man könnte sagen: Zeitaltern – auf die gleiche Schule gegangen. Beide haben wir unsere guten und sehr schlimmen Erfahrungen mit dieser Stadt gemacht. Beide haben wir uns mit ihr versöhnt, und so ist es auch nur gerecht, daß wir beide uns derweil ins Kieler Goldene Buch eintragen durften.

Im Sommer 1995 wurden wir eingeladen, um die Kieler Woche einzuläuten, was man auch Glasen nennt. Nicht schlecht, dachte ich mir, mit Gläsern kennen wir uns ja aus. Aber es handelte sich um eine etwas handfestere Aktion: Vor dem Rathaus war eine große Bühne aufgebaut, und an einem Gestell hing eine gewaltige Schiffsglocke. Auf dem Platz waren einige tausend Menschen versammelt; Segler aus sechzig Ländern waren gekommen; und die Kieler Förde war mit Segeln jeder Art gefüllt, von der kleinsten Jolle bis hin zu der einen oder anderen königlichen Yacht. Nun hielt Heide Simonis eine tolle, kurze Ansprache, dann durfte ich ans Werk. Als ich die Bühne betrat, ging ein wahrer Orkan durch Kiel, so freuten sie sich – und ich mich auch. Dreimal sollte nun gebimmelt werden, und ich glaube, die Kieler konnten zufrieden mit mir sein. Ich meine jedenfalls, mit Verlaub gesagt: Niemand bimmelte je so schön wie ich ... Na ja. Es war die Friedensglocke, die für uns schlug, für diese mir fremd gewordene Stadt und meine Befreiung von der Erinnerung. Nichts verband uns mehr mit früher, alles war neu. Großartig.

Im Flur vor dem Rathaussaal, in dem die Empfänge stattfinden, hängen die Portraits aller ehemaliger Kieler Oberbürgermeister in Öl und schwerem Rahmen. Direkt gegenüber dem Saaleingang entdeckte ich Dr. Lueken, den Vater meines ermordeten Freundes. Schnell verschwand ich in den Straßen hinter dem Haus und kaufte eine wunderschöne rote Rose. Unauffällig, als fast alle Gäste im Saal waren, legte ich sie auf den Rahmen des Bildes, für ihn und seinen Sohn. Dann huschte ich schnell in den Saal. Nach der Veranstaltung trat mir ein junges, reizendes Paar entgegen: »Frau Huber, wir sind solche Fans von Ihnen. Diese Rose ist für Sie!« Und sie überreichten mir eine wunderschöne rote Rose, so wunderschön, wie es nur eine an jenem Tag in Kiel gab ... Ich klärte sie natürlich nicht darüber auf, daß sie keine fremden Blumen von fremden Bilderrahmen klauen sollten – im Gegenteil, innerlich lachte ich Tränen. Zauberhaft. Es war so symbolisch: Meine Rose für Dr. Lueken war ein Geschenk an die Vergangenheit, *addio, good bye*, und dieselbe Rose war nun, als ihr Präsent an mich, eine Blume für die Gegenwart. Das sind die kleinen, großen Geschichten des Lebens, so leicht wie ein Wind und so schwer wie ein doppelter Aquavit.

Noch ein anderes Mal habe ich in Kiel sehr lachen müssen, diesmal aber, weil ich im Grunde ein schlechter Mensch zu sein scheine – jedenfalls was die Rolle als prominentes Opfer und als betroffen verzeihende Zeitzeugin angeht. Die Menschen, die selbst oder deren Väter damals diese Schweinereien verübt haben, wollen heute geliebt werden und fragen einen mit großen Augen: »Ja, haben Sie denn keine Sehnsucht nach uns, nach Ihrer Heimatstadt?« – Natürlich habe ich Kiel geliebt, habe Menschen dort geliebt. Meine Eltern, meine Freundinnen und Lehrerinnen, meine erste große Liebe und all die anderen. Aber wo sind sie heute? Sind sie nicht fortgegangen, fortgejagt und ermordet? Warum soll ich Sehnsucht nach dem haben, was ich dort erleben mußte? Es gibt einen jiddischen Satz, den ich sehr liebe: *Is gewehn, is gewehn, is nisch du*. Ist gewesen, ist gewesen, ist nicht da!

Als Monique und ich dort zu Besuch waren, weilte noch ein anderer älterer ehemaliger Kieler als Gast in der Stadt, auch er ein Jude. Er hatte sich vorgenommen, das jüdische Gemeindehaus zu besuchen, in der festen Annahme, irgend etwas wäre schon zu finden an der Stelle, wo es bis zur Nacht des 9. November 1938 gestanden hatte. Er ging also dorthin und suchte – aber da war einfach nichts. Hühner liefen auf dem Grundstück herum und benahmen sich so, wie Hühner sich benehmen – als ginge sie das alles nichts an. Nach über fünfzig Jahren: Nichts erinnerte daran, was hier einmal gestanden hatte und wie es verschwunden war. Er rannte dann direkt zum Bürgermeister und beschwerte sich fürchterlich über die Nichtachtung und die Schande, die dies der Stadt bereitete. Kein Haus, keine jüdische Gemeinde, nicht einmal ein Mahnmal oder eine Gedenktafel verkünden den Kielern ihre Geschichte. Als ich das hörte, konnte ich nicht anders als mich innerlich sehr zu amüsieren. Natürlich, dies Lachen war bitter, und der Mann hat mit Sicherheit recht. Aber er verschließt seine Augen vor der Wirklichkeit. Wie kommt er denn dazu, anzunehmen, die Menschen hätten sich in ihrem Wesen sonderlich geändert? Wen in Kiel interessiert denn so eine Gedenktafel? Wenn jemand sie für nötig erachtet hätte, wäre sie doch da. Wenn es tatsächlich eine neue Gemeinde gäbe, stünde doch dort wieder ein Gebetshaus. Der gute Mann sollte die Gegenwart sehen, wie sie ist, auch wenn es bitter ist. Ich finde, mit einer Gedenktafel ist es nicht getan. Jeder, der sich in der Seele treu bleibt und indirekt oder direkt daran mitarbeitet, daß sich so etwas nicht wiederholt, der macht mehr, als es ein Mahnmal vermag. Geht in die Schulen und sprecht mit den jungen Menschen, oder lebt einfach nach eurer Façon, sei es auch gegen den Strom. Dann ist mehr getan als eine Erinnerung, deren Publikum im Alltag aus Federvieh besteht. Außerdem: Auch ein leerer Platz ist ein Mahnmal, ein sehr gegenwärtiges. Jetzt laufen da die Hühner rum, dideldei, dideldum. *That's life*. Das Leben ist eine Farce und die Welt, wie schon mehrfach mit hoffentlich steigender Überzeugung erwähnt, eine Bühne. Gedenktafeln sind etwas fürs Foyer. Aber wo, zum Teufel, ist das Foyer dieser Welt?

Nur, damit es keine Mißverständnisse gibt: Anders verhält es sich mit den »lebendigen« Mahnmalen, der konkreten Darstellung der Geschehnisse, etwa der aktuellen spektakulären Ausstellung zu den Verbrechen der Wehrmacht. Das sind natürlich unbedingt notwendige Aktivitäten, die uns vor allem in der Reaktion auf sie zeigen, daß das Ganze noch keine Vergangenheit ist und es vielleicht auch nie sein wird. Die Sehnsucht nach Führung, nach dem Blut der Schwächeren, nach einer noch so kleinen Stellung im System der Macht: alles hochaktuell. Gerade in der Zeit einer extremen Frustration will der Deutsche seine Ordnung haben. Wie viele rufen denn wieder nach der Todesstrafe für diese und jene Verbrechen? Als ob ein nicht zu unterschätzender Teil von ihnen nicht selbst gewaltig was auf dem Kerbholz hat. Aber das Land muß fein sauber aussehen und in Ordnung sein, wer sind wir denn? Das Wesen dieser Sehnsucht ist nicht deutsch, es ist allgemein menschlich. Nur fällt es hier auf einen vorbereiteten und ständig gedüngten Nährboden. Die Entwicklung nimmt in ihren Konsequenzen gerade wieder sehr stark zu. Da ist kein Gegengewicht. Der einzige Trost ist, daß die amerikanischen und englischen Rechtsextremen sich nie wirklich mit den deutschen Nazis verbünden werden. Jetzt noch, denn es steckt ein gutes Geschäft dahinter, sich gemeinsam nach oben zu stemmen. Aber wenn es dann geschafft sein sollte – was ich für wieder möglich halte –, werden sie sich gegenseitig die Schädel einschlagen. Nachdem sie vorher Unmengen von Menschen umbrachten. Aber im großen und ganzen kann die Ordnung und die Macht der Moral nur zerstören, wer letztendlich auch sich selbst zerstört. Denn das Chaos, aus dem wir alle geboren wurden, mag sie nicht. Ein Trost? Keine Ahnung.

Neulich fand ich, zum Thema passend, ein Gedicht, das Wilhelm Schulz zum fünfzigsten Todestag des auch von mir hochverehrten Heinrich Heine im ›Simplicissimus‹ veröffentlichte. Die Illustration dazu zeigt eine eifrig diskutierende und trinkende gutbürgerliche Runde:

Sie äußern derb ihre Meinung,
doch ihnen es nie behagt,
wenn geradeheraus ein andrer
sie ihnen auch einmal sagt.

Von Heinrich Heine, dem Dichter,
sie fühlen sich grob verletzt.
Laut alle Philister schwören:
Kein Denkmal wird ihm gesetzt!

Sie saßen beisamm und tranken,
der Mond ging am Himmel bleich,
da ward von dem vielen Biere
das Herz den Philistern weich.

Leis fingen sie an zu singen
und seufzten so still dabei.
Sie sangen mit süßer Stimme
das Lied von der Lorelei.

Noch heute wird Heine zwar allerorten rezitiert, aber soll mal eine Schule oder Universität nach ihm benannt werden, sträuben sich die Geister gegen den »Volksverräter«, den jüdischen. So sind auch Ehrungen und Verdienste sehr zweischneidig, wenn es ans Eingemachte geht.

Mir selbst wurde im Juni 1994 die Ehrung dieses meines eigenartigen Landes zuteil in Form des Verdienstordens der Bundesrepublik Deutschland. Was nun? Ein nationaler Orden für mich, die ich mich stets als überzeugte Kosmopolitin sah, zu der mich dieses Land zwangsweise gemacht hatte? Aber, na gut, ich liebe dieses Land, insbesondere Berlin. Ich habe mitgeweint, als die Mauer fiel, und ich empöre mich über jedes Unrecht, von dem zu hören ist. Dies hier ist nicht mehr meine Heimat, die habe ich als solche abgeschafft. Aber es ist mein Zuhause. Es wäre also nicht richtig gewesen, mich nicht über diese Auszeichnung zu freuen, und so freute ich mich, mit allem Drum und Dran. Noch mehr allerdings beglückte mich die Rede des Berliner Kultursenators Roloff-Momin, die er anläßlich der Verleihung hoch oben im Europa-Center am Zoo selbst verfaßt hatte. Wie mir seine Mitarbeiterin steckte, war dies gar nicht selbstverständlich, und auch der Inhalt der Rede ließ mich spüren, daß es ihm ernst damit war. So begreife ich sie als die eigentliche Ehrung und zitiere, wenn Sie gestatten, daraus – vor allem einen Satz, auf den ich schon Stunden verwendet habe, ihn auswendig zu lernen, was mir jedoch nicht gelang: »Der Mensch Lotti Huber, und ich gehe gewiß nicht fehl in der Annahme, wenn ich neudeutsche Sprachregelungen wie das große In (Menschin) hier nicht verwende, da Sie fern von allen Dogmatismen Ihr selbstbewußtes Frausein nicht in äußerlichen Symbolismen und Ideologien suchen, sondern mit innerer Stärke und Unabhängigkeit verbinden, die es nicht nötig hat, sich immer wieder abzugrenzen, um scheinbare Identitäten aufzubauen, die letztendlich destruktiv, weil trennend sind – der Mensch Lotti Huber also steht für das Verbindende, für Mut, Kraft, Kreativität, für eine überwältigende Menschlichkeit.« – »Verehrter Herr Roloff-Momin«, möchte ich antworten, »Ihre Rede war mir eine große Ehre. Was trinken wir? Zur Feier des Tages vielleicht einen Planter's Punch?«

Planter's Punch
Der Saft von 1/2 Zitrone mit 1 Likörglas Curaçao
Triple sec, 1 Teelöffel Grenadine und 2 Likörgläsern
Jamaica-Rum mit viel Eis kräftig schütteln.
Mit dem Eis in einen Tumbler geben und mit Früchten
der Saison hoch dekorieren.

Der Orden – er muß hier irgendwo sein, möglicherweise hinter den Cognacschwenkern –, der läßt sich vielleicht auch noch irgendwann mal für irgend etwas Nützliches verwenden.

Am 16. Oktober vergangenen Jahres fand ein weiteres Ereignis statt, das mir sehr zu Herzen ging: die nächtliche Gala im Renaissance-Theater zu meinem fünfundachtzigsten Geburtstag. Es ist überflüssig zu sagen, daß ich bis zu dem Abend nicht zwingend damit gerechnet hatte, ihn erleben zu können, und eigentlich wollte ich ihn auch ganz anders begehen, mit einer neuen Flasche meines schottischen Lieblingslikörs Drambuie still im Kämmerlein, in der guten alten Hausbar Huber, mit ausnahmsweise korrekten Gläsern vielleicht und viel, viel Zeit. Aber dann wurde doch so ein grandioser öffentlicher Abend daraus, daß ich nur froh darum sein konnte.

Der Abend besaß eine Vorgeschichte, denn schon 1984 hatte Rosa von Praunheim mit einer furiosen Crew eine ›Intimate Revue‹ auf der altehrwürdigen Bühne veranstaltet, voll bizarrer Ideen und mit großem Erfolg beim Publikum, nicht hingegen bei den Herren des Hauses. Schon damals begleitete uns der Pianist des RIAS-Orchesters, Kai Rautenberg, und angesichts dieser erneuten Besetzung fragte mich nun der Intendant vorweg: »Aber, Frau Huber, sagen Sie: Es wird doch nicht etwa wieder so schweinisch wie damals, oder?« Ich lächelte ihn an und meinte: »Na, warten Sie es doch ab!« Er hatte richtig Angst, aber ohne Grund. Der Abend wurde weniger provozierend als einfach wunderschön. Thomas Nowotny und Kai Rautenberg hatten sich viel ausgedacht, die Bühne verbreitete eine ungeheure Stimmung. Das Programm begann natürlich leise mit ›Happy Birthday‹, und langsam kam ich von der Seite auf die Bühne, in einem wallenden weißen Kleid mit einem wunderschönen schneeweißen Federschwan auf dem Kopf, und fing an, gewaltige meterlange dunkelrote Rosen im Publikum zu verteilen. Alle hielten den Atem an, auch ich, so aufregend schön war es. Drei Stunden dauerte der Auftritt, und wir feierten noch bis tief in die Nacht. Damit machten mir meine Lieben ein wundervolles Geschenk.

Von anderer Seite kam noch eine unerwartete Aufmerksamkeit: Das neueste Guinness-Buch der Rekorde brachte ein halbseitiges Foto von mir und einen kleinen Beitrag über die älteste Showmasterin der Welt! Donnerwetter. Wenn ich das so lese, wird mir ganz anders. Ob das wirklich stimmt?

Eine Hand liest die andere ...

Eine Sache, die heute angeblich in keinem gut ausgestatteten Etablissement mehr fehlen darf, gibt es innerhalb dieser kleinen vier Wände des Kabäuschens nicht – denn schließlich bin ich nur zum Vergnügen hier: Der Fernseher steht nebenan im Studio und wird nicht sonderlich oft benutzt. In der Bar hätte er nur einen dramaturgischen Sinn, wenn ich einen Sender reinbekäme, der rund um die Uhr Autorennen zeigte, und wenn dicke alte Männer in Unterhemden beim Pastis neben mir säßen und gelegentlich grunzende Kommentare zu den spektakulärsten Karambolagen losließen. Aber was nicht ist, ist eben nicht, und so kommt die Kiste nur dann zum Einsatz, wenn ich mir gerade mal nichts mehr zu sagen habe. Sehr viel Spannendes hat sie nicht zu bieten, jedenfalls nicht mehr als das Leben selbst. Heutzutage sind viele Filme zu sehen, die wirklich recht ordentlich gearbeitet sind, und ich möchte nur gähnen ... Es gibt nur wenige wirklich große Stars, die noch richtig geniale, irrwitzige, provokante oder auch ganz einfache Ideen haben und diese auch durchsetzen und darstellen können. Welche Aufregungen habe ich früher als Kind im Theater oder im Kino erleben dürfen, bei Max Reinhardt, Sternberg und

Konsorten. Heute fehlt einfach die Besessenheit; es regiert die gepflegte und wirtschaftlich diktierte Unterhaltung. Unser täglich Brot gib uns heute. Als Schauspieler gibt es nicht mehr solche unbequemen und grandiosen Personen wie Rolf Hoppe, meinen persönlichen Favoriten, sondern eben nur noch Leute, die den Trend bedienen. Deswegen finde ich zum Beispiel Derrick hervorragend. Horst Tappert ist so *unfashionable*, daß es kracht, und er hat einfach Ausstrahlung. Wenn der mit seinen Tränensäcken auf der Szene erscheint, bin ich wild begeistert. Er hat sein Geheimnis. Peter Falk als Columbo hat es auch. Von all den anderen behalte ich kaum die Namen.

Ansonsten bleibe ich brav im Spartenprogramm für meine Altersklasse: Tiersendungen und Talkshows. Sie haben viel miteinander zu tun. Erstere sind meistens hervorragend gemacht; es gibt eben nichts Interessanteres als das Dasein an sich. Die Talks ... na ja, sie bemühen sich eben, einen Zoo von Menschen zusammenzustellen, aber Tiere hinter Gittern haben eben irgendeinen bleibenden Schaden, der dann in gnadenloser Langeweile vorgeführt wird. Ein paar Ausnahmen, die noch mit der altmodischen Intention des Fernsehens zu tun haben, sind natürlich geblieben. Biolek ist einfach gut, er hat es nicht nötig, unter die Gürtellinie zu schlagen. Er ist ein Sir, ein Gentleman. Und natürlich Hans-Joachim Kulenkampff, der zauberhafte; ihn kann keiner schlagen. Stil, Niveau und Klugheit – er hat das, was der Engländer einfach *weight* nennt, Gewicht. Ich war mal Gast in seiner Show, und von der ersten Minute an schien es so, als würden wir uns seit Jahren kennen und als säßen wir nicht im Studio, sondern hier am Tisch, und tratschten über unsere gemeinsamen Ansichten. Die Kameras und all das interessierte uns gar nicht mehr. Daß die Sendung vorbei war, merkten wir fast nicht und wechselten nur den Tisch, um noch stundenlang weiterzumachen. Das hätten sie mal mitschneiden sollen, die Kamera hätten sie dafür nicht mal verstecken müssen!

Damit haben sie mich natürlich auch mal gründlich geleimt, mit der »versteckten Kamera«. Damals führte noch Harald Schmidt durch die Sendung. Ich wußte noch nie so richtig, ob ich ihn schätze oder nicht. Der Engländer würde sagen: *He's not my cup of tea*, und um es auf meine Art auszudrücken: *He isn't really my gin and tonic*. Aber was er mit mir veranstaltete, fand ich ehrlich gesagt ausgesprochen gelungen: Ich erhielt eine Einladung nach Ascona, um in einem großen Hotel einen Vortragsabend zu geben. Es erstaunte mich beträchtlich, denn diese Klientel lädt mich nicht oft ein. Aber so etwas lasse ich mir dann doch nicht entgehen, und Geld spielte anscheinend keine Rolle. Monique und ich packten also die Lago-Maggiore-Garderobe zusammen und reisten los. Am Bahnhof wartete bereits ein dicker Mercedes mit einem ausnehmend kultivierten Chauffeur, der entzückend charmant war und uns erzählte, er sei einmal der Manager von Caterina Valente gewesen – ich war begeistert, denn so ein Taxifahrer fährt einen nicht alle Tage. Am Ziel empfing uns der Hotelmanager mit Champagner, und wir wunderten uns bereits über nichts mehr. Bis zur Show blieb noch genügend Zeit, und wo verbringt man die in so einem prächtigen Hotel? Natürlich an der Bar! Wir setzten uns auf die eleganten Hocker und bestellten zwei Salomes, einen meiner Lieblingscocktails, nicht nur wegen des Namens meiner Lieblingsoper von Richard Strauss mit dem genialen Text von Oscar Wilde, aus der ich schon so oft den Tanz der sieben Schleier interpretierte:

Salome
1/3 dry Gin, 1/3 französischer Vermouth und
1/3 Dubonnet im Mixglas mit einigen Stücken Eis
rühren und in ein Cocktailglas füllen.

Vor uns auf der Bar war eine eigenartige Ansammlung kleiner Schälchen plaziert, Chips, Nüsse, Kirschen, Mandeln, Salzstangen, schwarze wie grüne Oliven und einiges mehr. Sehr ungewöhnlich, dachte ich und sah das beeindruckende Sortiment bereits auf meinem Kabäuschentisch aufgereiht, als mich von der Seite ein junger Mann ansprach, offensichtlich der klassisch verzogene Sohn des schwerreichen Übervaters. Er rüpelte mich regelrecht an und bölkte: »Ach, geben Sie mir doch mal die Nüsse da rüber!« – »Bitte schön, der Herr.« – »Und die Kirschen da auch noch!« – »Sehr wohl ...« – »Äh, und die Mandeln, oder lieber die Oliven. Nein, doch nicht die schwarzen! Die anderen da!« Ich blieb höflich, denn so einfach bringt ein solcher Knabe mich nicht aus dem Takt. Ein Schälchen nach dem anderen wanderte die Bar entlang zu ihm, bis er plötzlich meinte: »Die Mandeln können Sie wiederhaben. Die will ich nicht. Die Oliven auch. Und hier die Kirschen, ekelhaft. Ach nee, geben Sie mir die Mandeln wieder, die waren doch nicht so schlecht.« So ging es hin und her, bis ich leise zu Monique flüsterte, die im Boden versunken war: »Der hat doch 'nen Knall, der gehört in eine Anstalt!« Das hörte er natürlich und fing gleich an, unheimlich loszublöken: »Was haben Sie da gesagt?

Hab ich mich verhört? In eine Anstalt?« Wortlos nahmen wir unsere Gläser und entfernten uns von diesem Schwachsinn. Das war zuviel, so kurz vor dem Auftritt.

Eine halbe Stunde später stand ich auf der Bühne eines nicht sehr großen Saales und wunderte mich über die Exklusivität der Veranstaltung. Die Reihen waren voll besetzt mit einem sehr distinguierten Publikum, das keine Miene verzog, als ich begann, aus der ›Zitrone‹ vorzulesen. Eine merkwürdige Stimmung in diesem Ascona, dachte ich gerade, als die Tür aufging und ein Mann mit einer riesigen Chipstüte hereinkam, voll wie eine Haubitze, und sich auf einen Platz in der ersten Reihe fallen ließ, genau mir gegenüber und zum Greifen nah. Kaum begann ich wieder zu lesen, als er mein Buch aus der Tasche zog und grölte: »Frau Huber, lesen Sie doch bitte die Geschichte auf Seite 50, in der Sie den Colonel verhauen, bis er diesen unglaublichen Orgasmus kriegt!« Und er stellte seine Flasche Bier auf meinen Tisch, schaute mir in die Augen und stopfte sich wie besessen seine Chips in den Rachen. Ich ließ mich nicht beirren, aber Monique saß hinter der Bühne und kochte vor Wut! Als ich tatsächlich bei der besagten Geschichte angelangt war, saß mein spezieller Fan nur noch da und schnarchte ohrenbetäubend. Das war zuviel für Monique. Sie sagte zu dem Kerl neben sich: »Schmeißen Sie den Mann raus!«, doch dann erkannte sie Harald Schmidt. Sie explodierte. »Sofort aufhören, Schluß, vorbei!« Ich wunderte mich zwar ein wenig über den Terror da hinten, doch las ungerührt weiter, auch noch, als Schmidt neben mir stand und mehrmals fragen mußte: »Verstehen Sie Spaß?« Ich sagte nur: »Na klar doch«, und las weiter. Bis die Komparsen im Saal sich endlich nicht mehr halten konnten vor Lachen. In dem Moment dachte ich nur noch: einfach genial! Es ist nicht meine Art von Humor, aber na gut. Als die Barszene und der Auftritt einige Monate später gesendet wurden, riefen so viele begeisterte Leute an, daß es also doch irgend etwas gehabt haben mußte. Übrigens war ich nicht die einzige, die vorgeführt wurde. Eine Reihe von Stargästen war im Hotel, gut voneinander abgeschottet, unter ihnen die bekannte Schweizer Sterneguckerin Elisabeth Teissier, die von einem anderen Experten ziemlich aufs galaktische Glatteis geführt wurde. Sie wurde so wütend, daß sie plötzlich aufstand, die Bühne verließ und verschwunden blieb. Als ehemalige Schauspielerin – ich kannte sie noch aus einem alten Belmondo-Film – hatte ich ihr eigentlich etwas mehr *standing* zugetraut.

Das war also eine Erfahrung mit dem neuen deutschen Humor, in zumindest noch nachvollziehbarer Form. Was sonst derzeit so geboten wird, finde ich eher schrecklich, eine frustrierte klamaukende Effekthascherei. Worüber lachen die Leute denn da? Wo ist die Größe, mit der jemand wie Loriot eine Kunst daraus machte? Derzeit kenne ich keinen, der das beherrscht. Denn zum wirklich ehrlichen Lachen gehört doch bekanntermaßen die Ernsthaftigkeit. Ich selbst bin im Grunde auch tierisch ernst, was sich viele vielleicht nicht vorstellen können. Aber alles, was ich sage, auch jede dieser emphatischen Überbetonungen und Schnörkel, über die die Leute gerne lachen – ich benutze sie nicht, weil sie komisch sein sollen, sondern weil sie wirklich in meinem Herzen sind. Schon in der Schule, wenn mal ernste Rollen zu sprechen waren. Die ›Heilige Johanna‹ war mein liebster Part, und ich legte all mein jugendliches Feeling hinein, mir selbst liefen vor Rührung die Tränen herunter. Die Klasse aber lag am Boden vor Lachen. Ich war schrecklich verletzt! Clown und Tragöde sind offensichtlich miteinander verwandt.

Keine Ahnung, was gewesen wäre, wenn ich in frühen Jahren beim Theater gelandet wäre. Ich bilde mir ein, ohne eingebildet sein zu wollen, ich hätte vielleicht unerhört große dramatische Rollen mit Erfolg gespielt. Vielleicht hätte ich das Theater vor Erschütterung zum Stillstand gebracht, die Beleuchter hätten ihre Einsätze verpaßt, der Inspizient hätte nur noch geheult über seinem Plan ... im Ernst, ich traue es mir zu. Einmal wirklich die große Tragik auf die Bühne zu bringen – das war mir leider bisher noch nicht vergönnt. Außerdem: Wenn ich so spielen würde, wie ich die Wahrheit dieser Welt wirklich sehe, würde das kein Regisseur mehr zulassen. Er würde sagen: »So spielt man heute nicht mehr!« Und hätte damit ja auch recht.

Schon als kleines Kind habe ich die große Oper geliebt, und ich bin ihr bis heute verfallen. Der ›Rosenkavalier-Walzer‹ ist der schönste auf der Welt. Dieser grobschlächtige Bayer hat soviel Zartheit und Erotik in seine Musik gelegt, das läßt sich nicht mit Worten beschreiben ... Wie viele Walzer habe ich tanzen dürfen, aaach! Daß mein Herz dies heute nicht mehr will, ist vielleicht das einzige, was mir wirklich leid tut am Prozeß des Alterns. Aber sitzen und hören geht noch gut: ›Salome‹, meine absolute Lieblingsoper, oder auch durchaus Wagner, diese alte ... das Paradebeispiel für pompöseste *political uncorrectness*, aber einfach ein begnadeter Komponist, ein Genie. Ich muß ihn ja nicht zum Essen einladen, diesen grauenhaften Antisemiten, der auch nur so war, weil er sich als Halbjude nicht decouvrieren lassen wollte. Das sind die schlimmsten; was tun sie uns da an! Aber das ist eine menschliche Schwäche, die mich angesichts seiner gigantischen Musik eigentlich nicht interessiert. ›Lohengrin‹ war auch die erste Oper, die ich je sah. Mein Vater war Vorsitzender des Kieler Theatervereins, und so hatten wir nicht nur des öfteren berühmte Theatermenschen bei uns zu Gast – einst saß ich auf Gründgens' Schoß! –, sondern auch die Loge direkt neben dem Oberbürgermeister, und ließen natürlich keine Premiere aus. Anschließend spielten meine Freundin und ich zu Hause stets selbst große Oper, meist ebenjenen ›Lohengrin‹. Ich war Ortrud, die Böse, sie die Else von Brabant, die unschuldige Naive. Wenn ich richtig loslegte, erzitterten die Bühnenbretter meines Bettchens, bis Else sagte: »Lotti, hör auf, ich hab Angst vor dir!« Also, wenn die Bayreuther dieses Buch lesen, werden sie sich erleichtert über die Stirn fahren, daß das Schicksal mich nicht zu ihnen getrieben hat!

Im übrigen liegt auch in jeder Wagneroper eine gehörige Menge Komik, ebenjener tragischen Form. Man muß sie nur entdecken. Aber solche Wechselwirkungen gehören nicht mehr in diese Zeit. Das Publikum hat nur noch zu sehen, was es sehen soll. Dabei weiß doch jeder, der oben an der Rampe steht und sein Publikum ernst nimmt, daß es mindestens so intelligent ist wie man selbst. Ist doch klar! Hinge ich denn sonst freiwillig da oben rum und ließe mich von meinen Emotionen wie ein Wahnsinniger im Kreis herumtreiben, vor all den Leuten?

Der Ausdruck, die Ausstrahlung eines Menschen ist eine dolle Sache. Es gibt kein besseres Wort, das zu beschreiben, aber es funktioniert bei jedem, der sich auf seine Ahnung einläßt und der seine Antennen benutzt. Gerade, als Norman und ich diese Wohnung übernommen hatten und in einer Einrichtungspause hier im Zimmerchen saßen – das hatten wir natürlich als erstes hergerichtet, denn jedes Chaos braucht ein Zentrum –, hörten wir im Radio eine Stimme mit einer Rede über den Ersten Mai. Wir schauten uns an und waren uns sofort darin einig, daß dieser Mann hervorragend sein mußte; wir kannten ihn noch nicht. Er brachte in seiner Art etwas über den Äther, was uns in den Bann schlug, keine Ergriffenheit, kein Spiel mit Kraft und Macht, sondern reiner Ausdruck und Wahrhaftigkeit. Es war der damalige Oberbürgermeister Willy Brandt. So ging es mir auch stets nicht nur mit Politikern, sondern auch mit Schauspielern und Sängern: Egal, ob sie berühmt waren oder nicht und ob ich sie eigentlich hätte kennen müssen, es zählt nur der Moment. Mir reicht der Eindruck und der eigene Instinkt, um zu wissen, ob ich jemanden richtig finden sollte oder ich mich besser in acht zu nehmen hatte. Im Augenblick fällt mir zum Beispiel in der großen Politik niemand ein, den ich wirklich ernst nehmen kann – außer Gorbatschow, und der wird nun mal leider kein Kanzler bei uns werden können. Das wäre eine echte Alternative für Deutschland: eine Persönlichkeit mit Charakter, Intelligenz und Profil! Was nun statt dessen kommt? Keine Ahnung. Wenn dies Buch hier erschienen ist, wird auch bezüglich des Kanzlers entschieden sein, ob Neuauflage oder Neuausgabe. Fragt sich nur noch, wer von uns eher makuliert wird. Meine Herren, *drinks on the house!* Was? Ach so, nur im Dienst ... selber schuld. *Cheers!* Der Blaue Montag ist gerade richtig, um über Politik zu sprechen.

Blauer Montag
2 Teile Wodka und 1 Teil Curaçao mit Eis
in den Mixer geben, kräftig schütteln und die Welt
nicht mehr verstehen.

Wenn ich heute mit jungen Leuten spreche, über ihre Perspektiven, Ängste und Vorstellungen, dann merke ich tatsächlich, daß ich aus einer anderen Zeit komme. Wir können uns trotz großer Sympathie oft erschreckend wenig vermitteln. Aber na gut, das ist natürlich. Ich merke es auch am Beispiel der Gleichgültigkeit gegenüber dem Holocaust. Selbstverständlich informiert man sich, ist betroffen und weiß nicht damit umzugehen. Trotzdem handeln so viele Menschen diesen theoretischen Erkenntnissen im Alltag entgegen. Sie kriegen es nicht überein: Du weißt nicht, wie Feuer brennt, wenn du dich nicht selbst mal verbrannt hast. Bis es soweit ist, lechzen doch alle geradezu nach einer solchen Katastrophe. Der Mangel an Imagination begründet die Wiederholungen der Geschichte.

Die staatliche Pädagogik wird nie aufhören, sich für den Beruf des Mörders schöne Orden und Rangabzeichen auszudenken. Bei jedem Menschen, der seinen Nachbarn umbringt, rufen die Leute nach der Todesstrafe, aber wenn jemand sagt, daß das Kriegstraining die Ausbildung zum dekorierten Massenmord ist, sind alle empört – ich bin nur froh, daß ich nie gezwungen wurde, einem Menschen etwas anzutun. Keine Ahnung, was ich gemacht hätte. Früher dachte ich oft: Wenn so etwas passiert, bringe ich mich um! Aber das ist leicht gedacht. Vielleicht ist es auch gar nicht so schwer, jemanden zu töten? Das Potential dazu ist jederzeit vorhanden. Vor allem, wenn es darum geht, sich führen zu lassen und nicht selber nachzudenken. Man sagt, wir unterscheiden uns von den Tieren, weil wir denken. Aber genausogroß ist der Unterschied doch auch, wenn wir zum Beispiel morden, ohne zu denken. Ohne selbst etwas zu wollen. Tiere greifen nur an, wenn sie hungrig sind und weil sie weiterleben müssen. Wir tun es aus schändlichen Gründen: Machtgier, Selbstüberschätzung, Minderwertigkeitskomplexe … Ich glaube nicht, daß ich noch die Zeit finden werde, die kolossale Absurdität menschlicher Beziehungen zu verstehen. Man kann nur jeden Tag aufs neue versuchen, auf seine Weise die eigene Lösung zu finden.

Vor kurzem sprach ich mit jemandem darüber, und er fragte schließlich: »Wie wäre das bei Ihnen, wenn Sie in dieser Situation die Wahl hätten: leben oder lieber nicht leben?« So ein Witzbold, was für eine Frage. Ist sie zu leicht? Nein, zu schwer.

Ich könnte zur Antwort natürlich mein Glas heben und rufen: »Doch, natürlich, leben, denn wer soll das sonst trinken?« Aber ich will etwas anderes sagen, obwohl es scheinbar nicht zu mir paßt. Was hätte ich versäumt? Also allen Ernstes: Ja, meine Entscheidung wäre: lieber nicht leben! – Und dennoch, ist es nicht wunderbar, einfach da zu sein und das Glück gehabt zu haben, das Leben so schön finden zu können… Ich habe am Rande des Geschehens gelebt, habe mich nie hineingezogen gefühlt in das große blutige Spiel, bin nicht darin ersoffen. Selbst von meinen so geliebten Eltern habe ich keine Führung gespürt. Wir haben uns nie tiefgründig unterhalten, so etwas gab's halt einfach nicht. Jedenfalls haben sie mich weder zur Freiheit erzogen noch mich davon abgehalten, und vielleicht hat genau diese Haltung bei mir dazu geführt, daß ich nie einer Ideologie gefolgt bin. Ich habe mich nie abhängig gemacht von der Meinung und dem Beispiel anderer Leute. *I am the wolf, who walks alone*, und ich fühle mich frei dadurch. Und ich habe mich nicht leiten lassen von der unbedingten Erfüllung irgendwelcher Träume. Ich genieße sie, ob sie erfüllbar sind oder nicht, und ich akzeptiere, daß nicht alles eintreten kann, was man sich ersehnt. Die Sehnsucht ist das wichtigste im Leben, nicht die Erfüllung. Das war und ist das ganze Glück meines Lebens. Irgendein alter Grieche sagte mal: »Wen die Götter strafen wollen, dem erfüllen sie seine Wünsche.« Und Oscar Wilde drückte es ungefähr so aus: »Es gibt zwei Tragödien im Leben eines Menschen: Die eine ist, daß das, was er sich so sehr wünscht, nie erfüllt wird, und die andere, daß es erfüllt wird.« Doch nur wenige Menschen haben geschafft, über das Glück im Unglück besser zu schreiben als Friedrich Hollaender in seinem großartigen Chanson.

Wenn ich mir was wünschen dürfte

Menschenskind, warum glaubst du bloß,
grade dein Schmerz, dein Leid wären
   riesengroß?
Wünsch dir nichts, dummes Menschenkind,
Wünsche sind nur schön, solang sie
   unerfüllbar sind.

Wenn ich mir was wünschen dürfte,
käm ich in Verlegenheit,
was ich mir denn wünschen sollte:
eine schlimme oder gute Zeit.
Wenn ich mir was wünschen dürfte,
möcht ich etwas glücklich sein,
denn sobald ich gar zu glücklich wäre,
hätt ich Heimweh nach dem Traurigsein.

Man hat uns nicht gefragt, als wir noch kein
    Gesicht,
ob wir leben möchen oder lieber nicht.
Jetzt gehe ich allein durch eine große Stadt
und ich weiß nicht, ob sie mich liebhat.
Ich schau in die Stuben durch Tür und
    Fensterglas
und ich warte und ich warte auf etwas.

Wenn ich mir was wünschen dürfte ...

Die Angst vor der Leere macht so viele Menschen unglücklich, und doch führt kein Weg daran vorbei. Man muß das Unbestimmbare, Undefinierbare leben lernen, solange es auch dauert. ›Horror vacui‹: Als Rosa von Praunheim 1984 diesen Film drehte, kam ich eines Abends nach Hause, sagte: »Monique, ich muß dir was gestehen ...« und blickte zu Boden. Monique war beunruhigt. Was war denn nun wieder? »Ich hab mich verliebt!« – »Aber Lotti, das ist doch fabelhaft! Hast du ein Foto?« Ich hatte, und Monique schaute in das Gesicht eines seltsamen älteren Herrn. Sie schluckte nur und meinte: »Na ja, interessant ist er. Er sieht so russisch aus!« – »Richtig, Darling, er ist auch Russe.« Am näch-

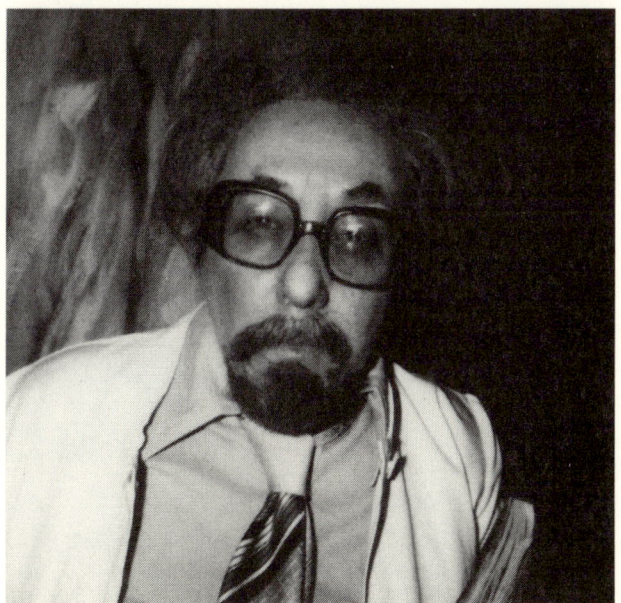

In ›Horror vacui‹

Oben: Mit Rosa von Praunheim
Unten: Mit David Bowie und Sydne Rome in ›Gigolo‹

sten Tag zeigte ich das Foto meinen Schülerinnen, und alle meinten einhellig: »Nimm dich bloß in acht vor dem, der ist nicht normal.« Mein Schwarm war ihnen nicht geheuer. Monique wurde richtig eifersüchtig, wunderbar. Schließlich sagte ich: »Ihr habt recht, es geht nicht. Ich werde mich wieder von ihm trennen.« Was mir sehr schwerfiel, denn ich war es selber, als ein perfider Professor aus Rosas Film. Die Maske war so perfekt, und ich konnte mich so gut in diese Rolle hineinfühlen, auch physisch, daß sogar einige Leute des Teams darauf hereinfielen und mich aus dem Studio schmeißen wollten! Ein paar Tage als Mann durch die Welt zu gehen, wenn auch als ein ziemlich finsterer, war eine gute Erfahrung. Wie die Maske und die Kleidung doch die Persönlichkeit bestimmen ... Es hat mich fasziniert. Vor allem in Israel und auf Zypern, bei den englischen Militärs, habe ich mich stets köstlich darüber amüsiert, wie aus stattlichen, hinreißenden Kerlen, sobald sie ihre Uniform und das Lametta ablegten, kleine Würstchen wurden. Was wär die Welt ohne Uniformen!

Als ich kurz nach Normans Tod begann, als Statistin in ein paar Filmen mitzuwirken, bekam ich mehrmals die Gelegenheit, die gesellschaftliche Komponente dieses Spieles von der anderen Seite aus mitzubekommen. In einem Streifen, an den ich mich sonst kaum erinnere, spielte ich eine türkische Putzfrau, gedreht wurde in einem öffentlichen Gebäude. Ich war kurz draußen an der frischen Luft gewesen und wollte wieder hinein zum Set, als mich der Pförtner festhielt und meinte: »Raus! Nix Arbeit hier. Raus, raus!« – »Na, Momentchen! Hörensemal!« – »Oh, Verzeihung, das konnte ich doch nicht ahnen, gnädige Frau!« Ach, wie macht dieses Land es einem doch oft schwer, es zu lieben ...

Eine andere Story erzählte mir Tana Schanzara, die
»Duse vom Pott«, eine vor allem im Ruhrgebiet sehr bekannte Schauspielerin. Seit über vierzig Jahren spielt
sie große Rollen am Bochumer Schauspielhaus, und
zwischendurch macht sie immer mal wieder in Fernsehproduktionen mit. Vor ein paar Jahren kam sie dafür
nach Berlin. Sie hatte sich für die Reise ein wenig aufgedonnert und geschminkt und rauschte nun also aus
dem Bahnhof Zoo, als eine Horde Mädchen über sie
herfiel und rief: »Frau Huber, Frau Huber, bitte ein Autogramm!« Ich weiß nicht, was sie tat, aber von mir aus
hätte sie die Wünsche einfach erfüllen können. So ist
das mit dem Image. Alt, bunt und ein bißchen durchgedreht – das muß die Huber sein! Vielleicht wäre es im
Ruhrgebiet dann auch mal andersrum gelaufen ... Ich
glaube, wir müssen mal zusammen einen heben, auf
den Menschen und sein Bild!

Das Thema Fernsehen darf ich natürlich nicht vorüberstreichen lassen, ohne auf den Grund der Eintragung im Guinness-Buch der Rekorde noch mal näher
einzugehen. Ich selber war unzählige Male als Gast in
allen denk- und undenkbaren Talkshows eingeladen,
mit wechselndem Vergnügen und Erfolg. Es kann ganz
schön anstrengend sein, sich vor den Kameras gegen
den bunten Strauß von Vorurteilen und saublöden Fragen zu behaupten, und manchmal weiß ich auch nicht,
wer bekloppter ist, die Gäste mit allen Schlagseiten dieser Welt oder der Moderator. Einer fragte mich mal, in
einem verzweifelten Versuch, seinem Publikum etwas
provokant Geistreiches zu bieten: »Sagen Sie mal, Frau
Huber, haben Sie eigentlich die ›Zitrone‹ nur geschrieben, um Ihre Schweinereien vor einem großen Publi-

kum ausbreiten zu können?« Verzagtes, häßliches Lachen auf den Tribünen. Ich fragte zurück: »Sagen Sie mal, sind Sie eigentlich nur von Ihrem Baum heruntergestiegen, um Ihre Gäste mit solchen Fragen zu ärgern?« Die Leute brüllten vor Lachen, daß es mir eine Freude war. Der Herr sprach kein Wort mehr mit mir. Auch ich habe meine Grenzen in der Toleranz.

Später sollte ich selbst eine Talkshow des Westdeutschen Rundfunks moderieren, live aus dem Café Keese. Es war ein furchtbarer Reinfall. Natürlich hatte ich ein Konzept erarbeitet, offen und locker, doch nichts davon blieb erhalten. Die Gäste wollte ich mir locker plaudernd aus dem Publikum holen, wo sie – natürlich rein zufällig – sitzen sollten. Statt dessen wurde ich in einen viel zu tiefen Plumpudding-Sessel gesetzt, sank hintenüber und mußte mit Gästen reden, die mir vorher nicht einmal vorgestellt worden waren. Lauter Langeweiler, die mich nicht im geringsten interessierten. Nicht einmal eine Mikrophonprobe hatte stattgefunden, ich war lediglich eine farbenfroh kostümierte Marionette in einer grauenvollen Sendung. Zum Glück für alle Beteiligten blieb es bei der einen Folge. Ganz anders hingegen entwickelte sich die kleine Show mit den Mitternachtsgesprächen, die ich mit Thomas Nowotny im TV Berlin veranstalte. Diese nächtliche Stunde kann man sich eigentlich so vorstellen, als fände sie hier im Kabäuschen statt, mit einer ordentlichen Anzahl von Getränken und eben einem Telefon in der Mitte auf dem Tisch. Thomas und ich präsentieren ein Thema und plaudern uns ein, dann rufen die Zuschauer an und erzählen aus ihrem Leben. Manchmal kann so etwas natürlich auch fad werden, aber meistens, wenn wir die Anrufer wirklich dazu bekommen, aus dem Federbett zu plaudern, gelingt es. Die Themen sind Tiefen und Untiefen des Ehelebens, Sexualität vor, während und nach der dritten Scheidung, Liebe, Triebe, Heiterkeit – eben all das, was die Leute ständig beschäftigt. Sehr normale Menschen rufen an, und selbstverständlich auch eine Reihe Übergeschnappter, das macht es nun mal spannend. Was die Leute sich manchmal zusammenlügen, ist rührend und zauberhaft. Eine Frau erzählte: »Ich bin fünfundvierzig Jahre verheiratet und noch sooo glücklich!« – »Dein Mann denn auch?« – »Aber natürlich!« – »Woher weißt du das denn?« – »Ich vermute es eben ...« – »Also, selbst wenn du ihn rein physisch nicht betrügst: Träumst du manchmal nicht von jemand anderem in deinem Bett?« – »Na ja, das schon ...« So kommen wir der Sache langsam näher, wobei ich die gute Frau gar nicht davon überzeugen will, daß sie eigentlich unglücklich ist. Aber wir finden immer irgend etwas heraus, das alles ein wenig auf den Kopf stellt. An irgendeinem Punkt der Sendung übernehmen die Anrufer selbst das Programm, es verselbständigt sich. Aufregend, finde ich!

Einmal stellten wir eine Sendung unter das Thema Handlesen, das war enorm spannend. Für das Thema interessiere ich mich seit vielen Jahren; schon als Kind schaute ich den Lehrern auf die Hände und ahmte nach, was sie damit alles so anfangen. Den Ausschlag gab ein Buch vom Trödel, das mich faszinierte. Anschließend las ich sehr viel darüber und machte mich kundig. Es wird grausam viel Scharlatanerie damit getrieben, doch wie bei vielen Geschichten dieser Art steckt ein richtiger Kern dahinter, mit dem sich nüchtern umgehen läßt. Die Hand ist so ein aufregendes Körperteil –

Als Wahrsagerin

ich meine nicht, was sich mit ihr alles machen läßt, sondern was sie einem erzählt. Sie ist, wie schon Aristoteles sagte, das Organ der Organe, und keine Hand gleicht der anderen. Sie ist direkter Ausdruck der Persönlichkeit, und wenn mir ein unbekannter Mensch die Hand gibt, weiß ich oft eine Menge über ihn. In der Hand steckt die Seele, das Wesen. Meist läßt sich an Haltungen und Gesten sehr viel erkennen, was sich durch die Betrachtungen der Linien vertiefen und bestätigen läßt. Die Linien – eine großartige Einrichtung der Natur. Sie sagen sehr viel, oder besser: sie verbergen wenig. Was auch mit der Haut passiert, die Linien wachsen genauso wieder nach. Überall hinterläßt die Hand ihre Spuren. In London erzählte mir jemand die Geschichte des Scotland-Yard-Inspektors, dessen Frau tagsüber auch ständig außer Haus war, abends vorm Liebesspiel untersuchte er sie erst einmal gründlich mit Lupe, Puder und Pinselchen auf fremde Fingerabdrücke hin. Also, ich weiß nicht...

Als erstes jedoch schaue ich auf den Daumen, in ihm treffen sich Willenskraft, Anpassungsfähigkeit und Eigenwilligkeit zur fröhlichen Runde. Auch Kreativität und verschiedene Sensibilitäten lassen sich gut erkennen; und was mir die Hände beim ersten Eindruck davon verraten, hat sich oft bestätigt. Ansonsten bin ich extrem zurückhaltend mit diesen Analysen und Prognosen. Ich will nichts von den Leuten, will sie weder beeinflussen noch die Schicksalsgöttin spielen. So erzähle ich nur, was tatsächlich zu erkennen ist, und selbst das manchmal nicht ganz. Man sollte vorsichtig sein; für mich ist es weder Religion noch Kunst. Ich kenne eben nur Momente, in denen ich die Leute so sehe, wie sie sind. Man muß das Leben offen lassen, denn es ist der Zufall, der uns treibt, und keine Vorbestimmung. Die Idee vom Menschen ist und bleibt der Zufall. Die Botschaft der Handleserei ist eigentlich nur, daß es überhaupt so einen Ausdruck gibt, daß es funktioniert, daß den Händen selbst mehr Aufmerksamkeit geschenkt werden sollte. Es ist auch mal wieder eine Sache des Umgangs. Ich habe keine schönen Hände, eigentlich nur so Wurschtelfinger. Aber auf der Bühne, wenn ich will, daß die Leute glauben, ich hätte bildschöne Hände, sind sie plötzlich auch bildschön. Sie drücken eben Geist und Willen aus, das ist alles.

Die Inhaberin einer Agentur rief an und buchte mich als Handleserin für eine große Veranstaltung. Sie wußte nicht, daß ich es wirklich praktiziere, und bat mich, doch einfach so zu tun als ob. Aufgezäumt mit Umhang und großem Turban, machte ich die Leute verrückt. Es war ein voller Erfolg. Auf solchen Veranstaltungen weiß man oft vor dem ersten Blick in die Hand, was mit dem Menschen los ist. Es stimmt eigentlich immer. Seitdem ich in der ›Zitrone‹ von dieser Neigung berichtet habe, meldeten sich Unmengen von Leuten, kamen sogar in Lokalen und Kneipen zu mir, legten mir ihre Hand auf den Tisch. Es scheint ein großes Bedürfnis danach zu geben.

Wie kam ich darauf? Ach, die Mitternachtsgespräche: Die Menschen riefen jedenfalls auch dort wie verrückt an und erzählten mir absurderweise am Telefon von ihren Linien. So etwas interessiert natürlich ungemein viele Menschen, wie alles, was esoterisch genug daherkommt, zudem, wenn die Zeiten etwas schlechter sind. Wir sollten nur aufpassen, jeden einzelnen trotzdem ernst zu nehmen und nicht bloßzustellen oder zu verarschen. Ich glaube, wenn ich in irgendeiner Hinsicht machtbewußt wäre, könnte ich sogar einen guten Guru abgeben. Es ist so einfach, mit wenigen Worten zu erreichen, daß einem die Menschen folgen. Erschrekkend! Sie würden tatsächlich machen, was man sagt. Es gibt natürlich Unterschiede. Eine junge Frau kam nach einer Lesung zu mir und erzählte, sie hätte mich im vorigen Jahr gesehen. Ihr Traum sei bis dahin stets gewesen, nach Italien zu gehen und Hutmacherin zu werden; sie hätte sich nur nicht getraut, denn sie müsse doch bleiben, wo sie nun mal sei. Doch nach meinem Abend hätte sie sich entschlossen, ihren Traum wahr werden zu lassen, und mache nun in der Tat Hüte in Italien. Großartig! So etwas macht mich glücklich. Aber andere rufen an und bitten mich darum, ihnen zu sagen, was sie mit ihrem Leben anfangen sollen. Dann sage ich kategorisch: »So geht es nicht. Ich bin keine Esoterikerin, und ich gebe keine Ratschläge. Was Sie machen müssen, können Sie nur selbst herausfinden. Was ich tun würde, paßt zu mir und nicht zu Ihnen.« Rumms! Viele sind dann sehr enttäuscht von mir. Gut so! Für solche Momente empfehle ich den sogenannten Tunnel: Am Ende des Getränks mit diesem schönen Namen erwartet sie – was sonst: das Licht!

Tunnel
Je 1 Likörglas dry Gin und Campari Bitter
sowie je 1 Teelöffel französischen und italienischen
Vermouth – letzteren bitte rot – auf Eis rühren.

Die Vertreibung aus dem Paradies

Der Blick in die Zukunft hat Menschen seit jeher fasziniert, und die meisten traditionellen Formen können auf eine spirituelle Ausschließlichkeit und Schicksalsbezogenheit gerne verzichten. Es ist eher ein Spiel mit den Möglichkeiten des Lebens, eine Form der Kommunikation zwischen jung und alt. Während der langen wunderschönen Abende auf Zypern habe ich es manches Mal erlebt: Wenn die dunstige Hitze des Tages sich langsam verzieht und sich ein grandioser Sternenhimmel über die Insel legt, sitzen die Menschen vor ihren Häusern und tun alles, was Menschen abends gerne tun: essen, trinken und heutzutage wohl auch fernsehen. Die Zyprioten kippen in diesen Stunden gerne einen Brandy Sour nach dem anderen, was mehr als verständlich ist bei dem guten zyprischen Brandy und den himmlischen Zitronen.

Brandy Sour
In einen Shaker mit kleingeschlagenem Eis
2 Teile Zitronensaft, 3 Teile Weinbrand und
1 dash Angosturabitter geben.
Kräftig schütteln, bis der Shaker beschlägt.
Nach Geschmack mit Soda auffüllen und

*mit einer Zitronenscheibe und unbedingt einem
Minzeblatt garnieren.*

Währenddessen bleiben die Frauen in der Regel beim Kaffee. Und, wie jeder weiß: In den Schaumrändern und den Kaffeesatzablagerungen am inneren Tassenrand liegt die Wahrheit dieser Welt: eine lange Reise, Geld in Hülle und Fülle, heiße Liebesaffären – solche Versprechungen sorgen für ordentliche Stimmung in der Bude. Ob es eintritt oder nicht, ist nicht so wichtig; es geht eher darum, daß sich der Fragende in seinen »geheimen« Wünschen verstanden fühlt. Die alten Frauen wissen, was sich die jungen wünschen. Alte Frauen wissen sowieso manches, sie haben nun mal vieles erlebt und gesehen.

Eine jedenfalls im Verhältnis zu mir noch relativ junge Reporterin fragte mich: »Frau Huber, Sie reden viel von Sex. Haben Sie denn selbst noch welchen?« – »Na klar«, antwortete ich, »was denken Sie denn?« Das war nicht einmal geschwindelt. Ich habe noch Sex, nur eben keinen körperlichen mehr. Die Hormone beruhigen sich allmählich, und die Wirbelsäule ist nicht mehr zu allen Stellungen bereit. Der Körper zieht sich eben ein wenig zurück vom Geschehen, manche Dinge werden von einem genommen. Das heißt aber noch lange nicht, daß das Thema gänzlich passé wäre. Es gibt noch wunderbare Emotionen und Reaktionen, die es einem leicht werden lassen, den direkten Sex zu vergessen. Man wächst da so raus, daß es kein Unglück ist. Im Gegenteil, es ist nur bio-logisch. Der Körper hat keine Wünsche mehr, er sagt langsam gute Nacht, auf Wiedersehen ... Das wirft für viele vielleicht eine andere Frage auf: Gibt es ein Leben nach der Liebe? Darauf kann ich nur sagen: »Nein!« Entschieden nicht. Denn die Liebe stirbt nie vor dem Menschen. Sie bleibt, sie verändert sich, sie altert auch in Form und Emotion, aber das Prinzip der Liebe bleibt. Auch jetzt liebe ich noch, und wie! Das Zusammensein, die Seele, die Einstellung zum Leben ... meine Liebe lebt bis zum letzten Atemzug. Sie wird das letzte sein, was geht. Darüber bin ich so glücklich, wie ich es früher bei jedem *coup de foudre* war, wenn mir die Knie versagten angesichts eines Mannes. Ein großer und nicht zu unterschätzender Unterschied zu jenen Tagen ist: Ich bin heute nicht mehr darauf angewiesen. Ich liebe unabhängig von meinem Körper und der moussierenden Chemie im Leib, es ist wunderbar. Ich muß nichts mehr verlangen, nichts mehr fordern, nicht mehr besitzen. Was derjenige sonst treibt, interessiert und berührt mich schlichtweg nicht. Es ist eine große, großartige Freiheit. Sie erst einmal zu lernen gehört zum Altern dazu, und darunter leiden viele Menschen, ohne zu sehen, wie schön es auch sein kann, vor allem: wie normal es ist. Wenn es anders wäre, wenn die Hormone nie aufhören würden, auf Achse zu sein – welche Tragödie! Das Leben würde uns nie die Zügel fahren lassen, uns nie hinausgaloppieren lassen in die Gelassenheit und letztendlich ins Nichts ...

Vorher, als ich langsam alt wurde, glaubte ich zu wissen, daß ich alles weiß. In den letzten Jahren, in denen mein Alter an Eindeutigkeit unbezweifelbar zugelegt hat, da ich tatsächlich alt bin, muß ich jeden Tag aufs neue feststellen, daß ich noch sehr viel gar nicht weiß. Erst jetzt kann ich meinen Lieblingsspruch von Francisco Goya, den er mit achtzig Jahren sagte, in seiner Schlichtheit und Richtigkeit ermessen: »*Aún aprendo. –*

Noch immer lerne ich.« Ich muß sagen, es ist wahnsinnig spannend. Es ist schlicht Leben!

Meine Tage sind bestimmt durch das Zusammenleben von jung und alt. Bei weitem ist es nicht so unkompliziert, wie ich in jungen Jahren, noch nachdem Norman gestorben war und ich neue Mitbewohner bekam, dachte. Es wird naturgemäß komplizierter, die Wahrnehmung verändert sich, und die Erwartungen an den Tag und aneinander sind sehr verschieden. Die Aufgabe des alten Menschen ist es, Enttäuschungen nicht mehr so ernst zu nehmen, denn der junge Mensch schuldet ihm nichts. Der muß sein Leben leben und seine Entwicklung vollziehen. Der alte Mensch daneben wünscht sich angesichts dieser Abenteuer, die er selbst ganz anders erlebt oder möglicherweise, den Umständen seiner Jugend entsprechend, auch gar nicht so aufgeklärt, freiheitlich, gefühlsbetont in Anspruch genommen hat, oft nichts sehnlicher, als noch mal so jung zu sein. Das geht aber nicht, denn es ist nicht wahr. Ich habe es in den Freundschaften zu jungen Menschen oft erst im nachhinein erkannt: Bei allen möglichen Gelegenheiten war ich verletzt, beleidigt, habe mich über Undankbarkeiten aufgeregt. Ich wollte mich bedankt wissen, wenn ich ihnen etwas gab, was ihnen sowieso zusteht – einen Rat, Unterstützung, Nudeln oder Wodka. Ich dachte, ich opfere mich für sie.

Alles verkehrt! Ich habe Enttäuschungen erlebt und war darüber zutiefst empört. Doch dann dachte ich: »Dazu habe ich nicht das Recht. Will ich jemanden seiner Jugend berauben, seiner Erfahrungen? Seines lebenswichtigen Egoismus? Wie komme ich dazu?« Nächte habe ich hier im Kabäuschen zugebracht und darüber nachgedacht, denn die Erkenntnis will von selbst nicht so leicht in den alten Schädel hinein. Doch mit einer

Bloody Mary
2 Eiswürfel und 2 Likörgläser Wodka in ein Tumblerglas
geben, mit reinem Tomatensaft auffüllen
und mit zwei Spritzern Zitronensaft abrunden.

konnte ich mich überreden und war plötzlich nicht mehr trunken, eher glücklich und befreit. Ein alter Mensch muß unter Einsatz seines gelebten Lebens bereit sein, zu verstehen. Er darf nichts übelnehmen in seiner Beziehung zu einem jungen Menschen. Das ist die Schikane in jeder dieser Verbindungen. Unlösbar wird sie aber eigentlich erst in einer erotischen Beziehung mit großem Altersunterschied. Es mag solche Ereignisse geben, aber mir scheinen sie auf einer eher unglücklichen Basis zu ruhen. Denn Gemeinsamkeiten auf Dauer sind nicht zu haben. Oder eine gemeinsame Entwicklung. Einem jungen Menschen wird aus reinem alten Egoismus seine Erfahrung genommen und nicht wirklich etwas gegeben. Selbst wenn man denkt, der junge Mensch mache gerade irgendeinen Fehler: Soll er ihn doch machen! Er muß ihn sogar machen. Ihm zu raten, ist kein Fehler, aber ihn davon abhalten zu wollen. Man soll dankbar für das sein, was sich noch erleben läßt.

Was man noch erleben *möchte*, ist aber meist unmöglich. Bei aller Harmonie wird eines Tages die Stunde dieser Wahrheit kommen. Dann sollte unsereins so gerade wie noch möglich stehen, in den Spiegel gucken und sagen: »Okay, du hast gegen die Gesetze der Natur gelebt. Es ist gutgegangen, sei froh und dankbar. Aber jetzt besinne dich auf dich selbst!«

Ich habe vor nicht allzulanger Zeit ein Gedicht geschrieben, ein Liebesgedicht an einen jungen Menschen:

Brief an einen jungen Freund

Ich schrieb in meinem Herzen einen Brief an dich,
mein lieber junger Freund.

Noch bist du ein herrlicher Rebell,
aber glaube mir, das Leben vergeht schnell.
Noch glaubst du, die Welt liegt dir zu Füßen
– später wirst du die kleineren Dinge genießen.
Noch bist du mal hier, mal dort,
und eh es geschieht, schon wieder fort.
Dein Hunger aufs Leben ist so zu verstehn,
doch dann mußt du weitergehn.
Leb deine Lebensphilosophie,
leb dein Gesetz, vergiß das nie.
Sich selber lieben, sich selber vertrauen,
darauf kannst du immer bauen.
Die Uhr läuft, du folgst ihrem Ton …
kommst mir immer näher, mein geliebter Sohn.
Die Jahre eilen so schnell dahin –
es verändert sich des Lebens Sinn.
Und eines Tages, geliebter Schatz,
nimmst du meinen Platz …

Diese Gedanken sind alles andere als melancholisch. Sie sind besetzt von reiner Dankbarkeit, von Erleichterung. Und von Genuß! Etwas erkennen, ohne etwas zu fordern – wie wundervoll. Dankbar, das ist es! Ich habe keine Ängste mehr um eines Menschen willen. Ich fühle mich nicht mehr verlassen, sondern frei. Ich glaube, genau das ist der Grund, weswegen so viele fragen: »Warum, zum Teufel, sind Sie bloß noch so jung, Frau Huber?« – Weil ich so wunderbar alt bin, deshalb. Weil ich nun das ausleben darf, wozu ich früher zu jung war. Der Mensch bringt nach und nach alles heraus, was er in sich trägt. Er ist, was er ist, von Anfang an. Er hat viele Gesichter.

Still wird es im Alter um die Sache mit der Sexualität ... denn die Erinnerung ist eine ruhige Angelegenheit. Ich erinnere mich gerne an jede einzelne der so vielen aufregenden Stunden, an die Abgründe, in die ich gestoßen wurde und in die ich andere stieß – wie großartig war es, sich fallen zu lassen! Auch wenn's unten manchmal nicht sonderlich gut gepolstert war.

Ich habe sehr oft über Sex geredet, weil er nun mal eine prima Erfahrung ist. Aber mit der Frage »Was ist denn überhaupt Sexualität?« tue ich mich schwer. Eine Geschichte gab mir persönlich so etwas wie eine Antwort. Anfang der sechziger Jahre lebte ich mit Norman in London; wir waren ein knappes Jahr verheiratet und liebten uns nach wie vor unheimlich. Norman war sensationell schön; die Frauen fielen reihenweise in Ohnmacht, wenn sie ihn sahen, nicht ohne im Fallen noch auf mich eifersüchtig zu sein. Ich war also rundum zufrieden. Jeden Morgen ging ich einkaufen, für unser kleines Restaurant Octopus. Eines Tages kam mir ein Mann entgegen, stattlich, elegant und ungefähr Mitte Vierzig. Doch er hatte ein vollkommen verbranntes Gesicht, eine zerstörte Landschaft, nur die Augen schauten heraus. Ich blickte ihn an und dachte: Wie fürchterlich! Doch dann schaute er mir direkt in die Augen. Noch nie hatte ich so durchdringende blaue Augen gesehen. Auf einen Schlag fingen meine Knie an zu zittern, und ich dachte nur noch an eines: Du mußt mit ihm ins Bett! Gleichzeitig erschrak ich über diesen Gedanken. In seinem Gesicht war ansonsten nichts, kein Mienenspiel, das war gar nicht möglich. Sein Gesicht glich einer Maske. Aber diese Augen ... Zwischen uns fand eine Reaktion reinster Chemie statt. Nur noch Natur. Instinkt. Ich dachte, ich sei wahnsinnig. Schließlich hatte ich Norman, und nun dieser Mensch da ... Einen solchen Drang, auf jemanden loszugehen, hatte ich bisher noch nicht erlebt. Zugleich kam ich mir so schäbig vor, so hundsgemein, vollkommen hilflos. Unsere Blicke trennten sich, und wir gingen weiter. Voll zittriger Begierde ging ich nach Hause, verwirrt und mich schämend. Norman saß über unserer Abrechnung und begrüßte mich, in die Zahlen vertieft. Ich trat an ihn heran, legte meine Arme um ihn und fing bitterlich an zu weinen. Er fragte natürlich, was mit mir los sei. »Gar nichts. Es ist nur, weil ich dich so liebe ...« Er sah mich an. »*Oh my god – she turns mad, or somebody has paid for a lot of Gin and Tonics!*« dachte er vielleicht. Er erfuhr nie von mir, was geschehen war. Der Mann ohne Gesicht begegnete mir in der folgenden Zeit noch mehrere Male, und jedesmal hatte es dieselbe Wirkung. Eines Tages sprach er mich an: »*Would you like to go to the cinema with me?*« – Ausgerechnet ins Kino. Ich war verwirrt und entgegnete nur, naiv wie eine Siebzehnjährige: »*No, thank you. You know, I am happily married!*« Was für eine Antwort, ausgerechnet von mir ... Danach sah ich ihn jedenfalls nie mehr wieder.

Das war ein aufwühlendes Erlebnis für mich, ergreifend und lehrreich. Wenn Männern so etwas passiert, wird es gemeinhin akzeptiert. Ein Mann »darf« derlei Abenteuer haben. Für eine Frau ist es jedoch nach wie vor etwas anderes. Schon, daß es möglich ist ... Es ist eben lange nichts »in Ordnung« in der großen, großen Tragödie der Liebe. Ist sie nicht schön? Ich denke, jeder Mensch hat diese Erlebnisse, ob er sie wahrnimmt oder nicht. Das ist sie eben, die Sexualität. Wir werden von ihr gelenkt, und wenn wir sie bemerken, sind wir nicht mehr Herr über uns. Sexualität ist auf ihre Art ein Gefängnis. Eine Versklavung durch das unberechenbare Leben, eine Gefangenschaft in einer rein theoretischen Freiheit, die eigentlich gar keine ist.

Der Wahnsinn fing, wie wir alle wissen, mit Adam und Eva an. Die böse Eva, das Luder, hat Adam doch gegen seinen Willen zum Liebesakt überreden müssen. Dafür war er, natürlich rein zufällig, entsprechend ausgestattet. Ja ja, es ist die Frau ... schon darin drückt sich die große Angst aus, die die Männer seit jeher vor uns haben. Daß sie ihren Teil der Angelegenheit letztendlich nicht bringen können. Daß sie angesichts der großen gesellschaftlichen und geschlechtlichen Irrfahrten kein *standing*, kein ausgeglichenes Selbstbewußtsein mehr haben. Der Mann an sich hat sich schon in der Bibel ausgeschaltet. Er machte seine eigene Sexualität schlecht, indem er sagte: Es ist unrein, wenn ein Mann eine Frau sexuell berührt. Warum haben wir Maria und Josef nicht als göttliches Paar dargestellt, für die Menschheit, die Gott geschaffen hat? Aber nein, der Mann klinkte sich aus, er wollte damit nichts zu tun haben. Er suchte seine Machtstellung woanders, indem er sich für fähig erklärte, unrein zu sein und die Frau mit Schande zu überziehen. Ein weites Feld ... Die größte Sünde ist in meinen Augen, die eigene Sexualität schlechtzumachen, sie als unrein zu empfinden, sie zu verachten. Eine Beleidigung der Natur! Was haben die Religionen da nur angerichtet? Und warum? Nur, weil der Mann so leidet, daß er von seinen Gefühlen und seiner Begierde so beherrscht wird, daß er sich nicht mehr beherrschen kann? Daß er nicht mal mehr Herrscher seiner selbst ist? Sämtliche Einrichtungen der Macht, Militär, Kirche, Politik: all dies sind Strukturen, die das Dilemma des Mannes beweisen. Er liebt den Mann als Gegenüber, dem es genauso geht – jenseits der Homosexualität, die er offiziell hassen soll. Wenn beispielsweise ein Offizier von seinem Vorgesetzten spricht, klingt das oft wie eine regelrechte Liebeserklärung. Aber es ist nicht eine Bewunderung des anderen Menschen, sondern des eigenen Dilemmas im anderen, der Beherrschung dieser Katastrophe. Der Mann hat einfach nur Angst vor der Frau und ihrer dynamischen Sexualität. Er schaltet sie aus, obwohl er sie braucht, um sich zu reproduzieren. Anstatt sie als Göttin zu verehren, stellt er sie als Hure da, die von ihm zu benutzen und zu bestrafen ist. Nur weil er nicht fähig ist, sich seine Vorteile auf anderem Wege zu beschaffen. Aber wie so oft ist auch hier wieder mal der Beherrscher der eigentlich Schwache. Seine Abhängigkeit kann er nur durch Gewalt und Vernichtung kompensieren. Aber sein verdrängtes Wissen um das Ganze, das hält er nicht aus. Darum ist die Welt in dieser angeblichen Sünde. Die Stellung der Frau in der Geschichte der Menschheit ist heute wie gestern ein Verbrechen gegen die Schöpfung, gegen Gott.

Holla, wären wir im Mittelalter, würden die entsprechenden Institutionen mich wahrscheinlich gleich nach Erscheinen dieser Zeilen verbrennen. Nicht mal

ein letzter Drink wäre mir gestattet. Glück gehabt ...
Aber so lange ist das alles noch nicht her. Gedanken
über die – natürlich stets relative – Wahrheit sind auch
heute noch nicht gerade salonfähig, vor allem in einem
Alter, in dem man sich eigentlich verdrossen und ent-
mutigt zurückzulehnen hat. Aber gerade vorhin sah ich
auf einem Foto von einem Kursus über Geschlechts-
kunde des Instituts für Sexualwissenschaft 1928 den
Spruch an der Wand, neben Darwins Konterfei: »Die
wahre Reinheit ist die reine Wahrheit.« Er läßt sich so
oder so lesen; ich las ihn heute eben mal so und schwang
mich angesichts der Destillate vor mir hinauf zur Reinheit durch Wahrheit, auch wenn sie fern der Gut- oder
gar Schönheit liegt. Doch was ist schon gut oder ungut?
Ungut war, daß das Telefontischchen hier im Kabäuschen früher wackelte; gut war hingegen, daß ich ein
paar Schulausgaben griechischer Klassiker im Regal
fand, die genau die richtige Stärke besitzen, um dem ab-
zuhelfen. Doch vorhin wurde ich neugierig, was dort
eigentlich eingeklemmt war. Und siehe da: Platon läßt
seinen Sokrates sagen: »Jede Begierde ist ein Schmerz,
ihre Befriedigung eine Lust. Aber die Befriedigung ge-
währt nur so lange Lust, wie die Begierde anhält, also
sind Lust und Unlust vereinigt, gleichzeitig. Gut und
schlecht, Glücklichsein und Unglücklichsein sind nie
gleichzeitig, also sind Lust und Glück, angenehm und
gut nicht identisch.« Oh, Platon, wie konntest du nur ...
ab unters Telefon! In der Natur ist alles möglich, alles
zugleich, und der Mensch ist nichts als Natur, jedenfalls, solange es ihn noch gibt. Danach ist er nur noch
nichts. Verdientermaßen, denn alles, was er sich an
künstlichen, sozialen, wirtschaftlichen, ethnischen Institutionen errichtet hat, eingeschlossen der Möglich-

keit der sogenannten Freiheit, die jedoch nur ein Produkt eines Systems sein kann, ist gegen ihn und gegen seine Sexualität. Das einzige Interesse der Natur ist, daß wir uns reproduzieren. Das Leben könnte ein einziger Morgen danach sein. Und was machen wir? Wir vertreiben uns aus dem Paradies. Wir heiraten zum Beispiel. Wir glauben an die Wahrheit. Zwei Dinge, die es eigentlich nicht gibt und die auch nicht zueinander passen. Zugegeben, wer das miteinbezieht, kann durchaus eine glückliche Ehe führen. Eine Gemeinschaft, in der wir Freund miteinander sind. In der wir auch den Mut haben, nicht alles voneinander wissen zu wollen. Norman und ich hatten das Glück einer solchen Ehe. Wir logen uns oft an, mit »weißen Lügen«, wie ich sie nenne, Lügen, die für eine glückliche Beziehung von großer Wichtigkeit sind. Eine Nacht ist mir noch in besonderer Erinnerung: Wir waren seit vielen Jahren verheiratet und liebten uns unvermindert. Nur unser sexuelles Empfinden füreinander war nicht mehr so leidenschaftlich wie am Anfang. Da wachte ich, was ungewöhnlich war, mitten in der Nacht auf und konnte nicht direkt wieder einschlafen. Ich beobachtete Norman neben mir mit einer gewissen Zärtlichkeit und dachte über uns nach. Plötzlich erhob sich wie von Geisterhand sein Penis und wuchs langsam, aber sicher zu einer unerhörten Größe. Ich dachte: »Was träumt er jetzt? Was wünscht er sich? Mit wem schläft er in diesem Augenblick? Mit Sicherheit nicht mit mir!« Es war faszinierend. Aber ich erzählte es ihm nie. Klar, so etwas passiert fast jede Nacht und ist normal, aber das Besondere für mich war die Vorstellung, daß er einen Traum hatte, in dem ich nicht vorkam. Das wußte ich zu schätzen, im stillen.

Wie wäre sie denn nun, die Frau, die selbst in der Ehe noch Bestand haben kann? Ach nein, es kann einfach kein Bild davon geben, wie eine Frau zu sein hätte. Es bliebe stets beim »wäre, hätte, sollte«, und einen Konjunktiv des Lebens gibt es nicht. Der Konjunktiv geht schief. Aber – wie wäre es denn jetzt mit einem kleinen bockenden Esel – einem Kicking Mule?

Kicking Mule
In ein Limonadenglas 2 Likörgläser Wodka und
1 Likörglas Ingwer-Likör gießen. Mit 2 Eiswürfeln
und Ginger Ale auffüllen.

Die Frauen haben sich in diesem großen Spiel bestens einzurichten versucht, und natürlich auf ihre jeweils eigene Art die größtmögliche Würde innerhalb ihrer Kultur zu erhalten gewußt. Die Unterschiede dieser Formen von Würde lernte ich auf Zypern deutlich kennen. Es war zu der Zeit, da Alec, mein erster Mann, und ich in Nikosia das Astoria-Hotel betrieben. Unser Mitarbeiter Jimmy stammte aus einer einfachen Bauernfamilie; sein Vater war nach Amerika gegangen, um dort etwas zu suchen – ich glaube, es war das Glück. Seine Mutter war sehr alt, sehr gläubig und bodenständig, eine gestandene, einfache Frau mit einer reellen Initiative für das Praktische. Meist hielt sie sich bei uns im Hotel auf, saß vor der Küchentür und überwachte alle Abläufe. Sie paßte auf, daß ihrem Sohn und dem Haus nichts passierte, daß nichts wegkam. Sie wirkte recht zufrieden trotz ihrer dienenden Stelle und hatte ihre eigene Kraft. Nach oben ins Hotelfoyer zu kommen und mit ihren einfachen Kleidern den englischen Hotelgästen unter die Augen zu treten lag ihr fern, das wäre ihr von Jimmy nicht zugestanden worden. Dann geschah die Katastrophe für sie: Im Mai 1948, nach dem Tod meines Vaters und der Proklamation des Staates Israel, kam meine Mutter zu uns nach Zypern. Natürlich saß sie täglich oben im Foyer, erledigte ihre Post und andere Dinge. Jimmys Mutter schaute ihr stets nach und war an jedem ihrer Schritte interessiert. Sie konnten nicht miteinander sprechen, und meine Mutter war nicht gerade nett zu ihr, sie behandelte sie eben, wie früher in Deutschland Dienstboten behandelt wurden. Doch nach einigen Tagen war es soweit. Meine Mutter saß wie immer im Foyer, als plötzlich Jimmys Mutter heraufkam und sich mit Nachdruck auf den Sessel ihr gegenüber setzte. Ein wundervolles Bild. Meiner Mutter fielen bald die Augen aus dem Kopf. Jimmys Mutter verkörperte in ihrer Kleidung, ihren Schürzen und Tüchern, einen unheimlichen Stolz. Wenn sie schon nicht erreichen konnte, daß meine Mutter sich neben ihr unten vor die Küche setzte, dann wollte sie doch zumindest ein Zeichen setzen, daß sie den gleichen Status hatte! Mütter sind Mütter, daran gab es nichts zu rütteln. Ich fand das phantastisch und fragte meine Mutter, wie es ihr gefiele. Sie war empört! Sie konnte es einfach nicht verstehen und fühlte sich von dieser Person beleidigt und auch, wie ich denke, bloßgestellt. Bis Jimmy kam und leise mit seiner Mutter sprach. Sie stand zögernd auf, ging langsam und ohne sich umzuwenden die Treppe wieder hinunter und kam nie wieder hoch. Eine ergreifende Szene. Ich wollte weinen.

Später in England erlebte ich wiederum am eigenen Leib, was es heißt, nicht in gebührendem Stand zu sein. In den gesellschaftlich hochgestellten Kreisen, in denen sich Norman als Colonel nun einmal bewegte, galt eine deutsche Jüdin nicht viel. Obwohl ich die Engländer generell furchtbar liebe, nicht nur, weil sie den Gin in mein Leben brachten ...

Auf Zypern durfte ich den ganz eigenen Charme vieler homosexueller Männer und ihre Fähigkeit zur Freundschaft mit Frauen kennenlernen. Das schon erwähnte Octopus-Bild, das mir gegenüber an der Kabäuschenwand hängt, erinnert mich oft an diese Begebenheiten. Der Maler Sigmund Pollitzer war, wie so viele englische Homosexuelle, wegen einiger Skandale aus London nach Zypern geflohen. Die Insel war ein kleines Paradies für viele dieser hochinteressanten, hochgeistigen und hochtalentierten »Exilanten«, und mein Restaurant Octopus war rasch der Mittelpunkt der »Szene«. Sigmund wurde mir ein sehr guter Freund, und als er mir dieses Bild schenkte, für das das *Gouvernment house* bereits einiges Geld geboten hatte, munkelten viele Neider bereits, wir hätten eine Affäre, ich hätte ihn »umgekrempelt«. Aber Sigmund wollte seine Bilder nur gut untergebracht wissen, wie Hunde und Katzen, und er wußte den Tintenfisch bei mir in guten Händen.

In der Navy tummelten sich natürlich eine Menge schwuler Männer, traumhafte Kerle. Wenn sie Hand in Hand in den Octopus geschlendert kamen in ihren schnieken Uniformen und sich ganz entzückend *gentlemenlike* zu benehmen wußten, dachte ich immer: Mein Gott, was für eine Verschwendung! Sie waren wirklich bezaubernd, vor allem, wenn man die ganzen »normalen« Typen neben ihnen sah, die weder gut aussahen noch wußten, was sich gehört. Nicht einmal gut bumsen konnten sie. Diese hundertfünfzigprozentigen Heteromänner mochte ich noch nie gerne. Hier auf der Insel, etwas abgeschnitten von der großen kulturellen Welt, waren mir die homosexuellen Matrosen und Künstler zudem eine sprudelnde geistige Quelle. Und was wäre ein anständiger Hafen schon ohne sie – und ohne ihr Porter, das berüchtigte schwarze Bier der englischen Ladearbeiter?

Black Velvet
In ein Bierglas zur Hälfte kalten Porter und
eisgekühlten Sekt gießen – es schäumt gewaltig und
läßt wirklich jeden Vorhang fallen.

Norman kam mit meinen Freunden nicht ganz so gut klar. Er war natürlich ein großer *Bohemian*, sonst hätte er mich schließlich nicht geheiratet, aber im Grunde seines Herzens war er *frightful*, britisch und konservativ. Ein Tory durch und durch. Seine Jungs, die ihm unterstellt waren, liebte er heiß und innig, wie ein echter britischer Offizier. Aber die richtigen Schwulen akzeptierte er höchstens, wenn sie aus erstklassigen, enorm wichtigen englischen Familien kamen.

Remember the gift of the prince ...

Ich liebe die Engländer, weil es nicht anders kommen konnte. In all den Jahren, die ich mit ihnen in Palästina und Zypern zubrachte, lernte ich sie von Grund auf kennen – viel besser als später in London. Eben als klassische Vertreter des Empire, als Kolonialisten, die sich fern der Heimat und doch im »eigenen« Land hemmungslos auslebten, ohne ihre britische Lebensart auch nur eine Sekunde einzubüßen. Und auch wenn ich mich stets königlich darüber amüsieren konnte, hab ich selbst einiges davon übernommen. Ich liebte das Understatement, mit dem die Offiziere der *Middle-East-Army* Anfang der vierziger Jahre in Haifa im Restaurant saßen und in aller Seelenruhe ihre Steaks aßen, während draußen Mussolinis Bomben niedergingen und die Mauern des Hauses erzittern ließen: »*It's a bit noisy, dont you think so?*« – »*Oh yes, indeed. A little bit too noisy for lunch!*« Und ihren distanzierten, hintersinnigen Humor schätze ich über alles. Später auf Zypern vertiefte ich diese Eindrücke durch das Leben mit meinen beiden Ehemännern, durch zahllose Bekanntschaften und gute Freundschaften mit abenteuerlichen Weltenbummlern, die unser Hotel und später mein Restaurant besuchten.

Die Engländer sind auf ihre ganz eigene Art unglaublich rassistisch. Was heißt, die Engländer – ich meine natürlich die meisten von ihnen, die das Klischee des royalistischen Empire erfüllen. Sie waren nun mal die Größten, und das wollen sie auch heute noch gerne sein. In London amüsierte ich mich oft fürchterlich über Normans Mutter, die sich in ihrem Kreis von Lords und Ladies so richtig aufblies wie die beste Freundin der *Queen herself*. Wenn ich losbrüllte vor Lachen, war sie stets *absolutely shocked* und sagte: »*Oh Lottie, you have an odd sense of humor, really, my dear!*« Woraufhin es mich regelmäßig so schüttelte, daß ich den Raum verlassen mußte, um die Gesellschaft nicht vollends zu sprengen.

Norman und ich lebten den *sense of humor* in unserer eigenen Weise. Norman war mit seinem Monokel, das er im richtigen Moment lässig, aber publikumswirksam aus seinem Auge in die Hand fallen ließ, ein wunderbarer Vertreter dieses Stils, und so ergaben sich, wie schon beschrieben, mit den Jahren einige typische Rituale am Rande unseres Lebens, die wir sehr liebten. Die Berliner Freiheitsstatue stand aufgrund der Aufteilung der Stadt nach dem Krieg im englischen Sektor. Nun meldeten sich die Franzosen an und wollten das Standbild unbedingt nach Paris verfrachten, als späte Genugtuung für den Ersten Weltkrieg. Doch die Engländer, *les rosbifs*, wollten den Wunsch der *frogs* nicht erfüllen und ließen Else, wo sie war. Diese Geschichte nutzte Norman jedesmal aus, wenn wir mit dem Auto dort entlangfuhren und sie in der Abendsonne blinken sahen: »*You know, darling, it is because of us, that the statue is still there! We didn't permit ...*« – »*Oh yes, darling, I know. And because of that let's drive directly to the Kempinski. I'll buy you a drink at the bar!«* Und am nächsten Tag wieder: »*You know, we englishmen said No! to the French ...*« – »*Darling, darling, you deserve a Gin and Tonic!*« Dieser Vorgang war der immer gleiche Auftakt für ungezählte wundervolle gemeinsame Abende. Ich war den Engländern wirklich dankbar dafür. Schließlich – was hätte die Goldelse denn gebracht an der Seine? Solche Gesten lohnen sich einfach nicht. Rache ist eine sehr negative Emotion. Sie kommt am Ende doch wieder zu dir zurück, wie ein Bumerang.

Daß die Briten einen ausgeprägten Sinn für die großen Tragödien und Komödien des Lebens besitzen, hat ihr größter Dichter Shakespeare ein für allemal bewiesen. Und daß diese Tatsache keineswegs nur historisch ist, sondern reine Gegenwart, konnte die Welt im vergangenen Jahr wieder erfahren, als ein alltäglicher Unfall in einem Pariser Tunnel die Seele der Menschheit erschütterte. – Was heißt Unfall? Ich glaube, ehrlich gesagt, nicht daran. Wenn ich hier in meinem kleinen privaten Pub sitze und zur Abwechslung mal einen

Parisian
1 Teil Gin, 1 Teil Vermouth und 1/2 Teil Creme de Cassis
kurz und schmerzlos mit Eis rühren.

trinke, rollt die Geschichte an meinem inneren Auge vorbei wie ein neues Stück von Shakespeare, eine Uraufführung, deren eigentlichen dramatischen Wert man erst in vielen Jahren erkennen wird. Ein Prinzessinenmord, eine Revolution im Königshaus, eine wahrhaft königliche Beerdigung und ein gewaltiges Stück Moralgeschichte am Ende des zweiten Jahrtausends – großartig. Wer hätte es sich besser ausdenken können?

Ein Königinnensohn, der Liebe und der Führung einer Ehe nicht mächtig, läßt sich zwingen, ein junges, unschuldiges adeliges Mädchen zu heiraten, weil er sich nicht traut, sein eigenes Leben zu leben. Noch am Polterabend liebt er Camilla, seine eigentliche Geliebte. Als Heinrich der Achte hätte er sich all das noch erlauben und den Fall mit dem Beil offiziell erledigen können, aber heute ist es komplizierter. Letztendlich aber mit dem gleichen Ergebnis. Womit keiner gerechnet hat: daß sich Diana so gegen ihr Schicksal wehrte und Charles so unfähig war, zu erkennen, daß er als normaler und »treuer« Ehemann viel mehr Freiheiten gehabt hätte. Aber nein, er hat sie geradezu provoziert, sich zu wehren und die Welt auf ihre Art zu erobern. Und mit ihren Launen die Bedürfnisse von unzähligen anderen verheirateten oder unglücklich lebenden Frauen zu erfüllen. Na ja, sie hatte keine leichte Wahl. Hätte sie die Ehe aufrechterhalten, wäre sie vielleicht ein langweiliges Pummelchen, aber auch eine große Königin geworden. Sie entschied sich jedoch dazu, ihren Egoismus und ihren Stolz auszuleben, der allerdings ziemlich spießig war.

Für die Allgemeinheit sah es doch so aus: ein Araber, ein Moslem als Stiefvater des zukünftigen Königs von England! Die Familie Al Fayed wäre im Buckingham Palast ein- und ausgegangen, die Leibwächter mit Taschen voller Drogen, und hätten schon bald eine Kamelherde auf dem altehrwürdigen Rasen vor dem Gebäude etabliert! *Impossible!* Undenkbar für das Empire, eine schändliche Schmach. Mir kann niemand erzählen, daß ein wahrer Engländer angesichts solcher Visionen das Eingreifen des CID, des britischen Geheimdienstes, nicht verstanden hätte. Dennoch wurde sie, die dem Königshaus zeigte, wo die Glocken hängen, und die für so viele unglückliche Frauen ein Zeichen setzte, bejubelt. Andererseits: Sie mußte einfach weg. Es war einfach und raffiniert. Ausgerechnet an dem Tag ihrer Verlobung erlebte England diese einmalige Tragödie. Großartig! Eine einmalig elegante Tragödie. Wie dann der Unmut des Volkes während der Beerdigung zu einem letzten Triumph Dianas wurde, das war perfekt. Millionen Menschen wehklagten auf den Straßen und weltweit vor den Fernsehern, das muß man erst einmal über die Bühne kriegen. Shakespeare 1998. Gewaltiger Applaus, mit *standing ovations from here to eternity! Wonderful, my dear, isn't it?*

Es ist nicht ganz abwegig, zumindest liegt es nicht so fern, daß Diana das alles absichtlich und bewußt tat. Ich glaube nicht, daß sie sehr klug war, aber sie besaß Instinkt. Zwar liebte sie ihre Söhne über alles, aber ich glaube, sie liebte sich am meisten. Dafür hat sie einen hohen Preis bezahlt. Manchmal frage ich mich: Hätte man sie später noch so beachtet? Ihr Tod war der Höhepunkt ihres Lebens, und das Bild des Mercedes im Tunnel wird für ewig in der Sammlung großer Geschichten des 20. Jahrhunderts stehen. Wie gerne würde ich darüber ein Drama schreiben, aber es ist noch zu früh dafür. Das lohnt sich erst, wenn William seinen Vater zur Rechenschaft ziehen wird. Ich weiß nicht, ob ich das noch erlebe ... Ich hebe mein Glas auf die Krone, und was ich gleich in derselben haben werde, ist der unvergleichliche, aristokratische Drambuie, ein Liqueur aus Scotch, Kräutern und Honig. Seine Entstehung ist untrennbar verbunden mit dem englischen Sinn für Dramatik. Anno 1745 reiste nämlich Bonnie Prince Charlie nach

Schottland, um das Anrecht auf den Thron seiner Vorfahren geltend zu machen, was natürlich nicht gelang. Wohl aus Enttäuschung erfand er diesen edlen Liqueur und hinterließ das Rezept einem Gefolgsmann in Skye. Deshalb steht auf den Fläschchen noch heute: *Remember the gift of the prince* und, im Original: *Cuimhnich an Tabhartas Prionnsa,* was man eigentlich nur nach dem Genuß des Inhalts richtig aussprechen kann.

Die Rose von Jericho

In vielen Situationen meines Lebens, angefangen im Arbeits- und Konzentrationslager, hatte mein schützender unsichtbarer Engel alle Hände voll zu tun. Ich habe ihn wirklich nicht geschont.

Daß im Detail nicht nur der Teufel, sondern zuweilen auch der Engel steckt, erfuhr ich vor über zehn Jahren durch das Geschenk eines Fans. Er überreichte mir ein seltsam struppiges, trockenes Gebilde, das aussah wie von irgendeinem Wiederkäuer im Laufschritt verloren. Da ich mich jedoch über jedes Präsent freue, nahm ich es mit und befolgte seinen Rat, es in eine flache Schale mit ein wenig Wasser zu legen. Das tat ich natürlich hier im Kabuff und setzte mich davor. Ich saß und saß. Dann dachte ich ein wenig nach, dann saß ich wieder nur. Bis sich plötzlich etwas regte in dem Knäuel. Ein Ästchen begann sich zu entfalten aus dem Gewurstel, und langsam, nach und nach, taten es die anderen ihm gleich. Nach einer guten halben Stunde lag vor mir ein bezauberndes Gebilde, nicht mehr braun, sondern grün, lebendig, mit einer wunderschönen Form und einem großen Geheimnis in seiner Mitte. Was mochte das für ein Wesen sein? Ich nahm es vorsichtig hoch und wechselte ausnahmsweise das Lokal.

Unten in der Kneipe verkehrte ein Stammbesucher, der mehrere Jahre in den arabischen Emiraten gelebt hatte. Er kannte sie natürlich, die »Rose von Jericho«. Es gibt mehrere Sorten, einjährige und mit Wurzeln versehene, doch meine ist von der unsteten Art: Sie wird, wie sie inzwischen bewiesen hat, mehrere Jahre alt und rollt normalerweise nicht durch den Wohnungsstaub, sondern von Sandstürmen getrieben durch die Wüste. Sehr lange Zeit kommt sie ohne Wasser aus, doch findet sie welches, entfaltet sich ihre Pracht. Regnet es sogar mal, fängt innerhalb von Minuten die Wüste an zu blühen. Das muß grandios sein: Überall siehst du plötzlich Tiere, Pflanzen, Blüten, sogar Schmetterlinge. Nach einer Weile zieht sich alles wieder zurück, was genauso geheimnisvoll ist. Denn wo geht das Leben hin? Meine Rose verschwindet jedoch nicht ganz. Sie rollt sich zusammen zu dem harten Bündel von vorher und ist mit einem warmen Plätzchen hinter der Wodkaflasche zufrieden. Ich habe inzwischen allerlei Dinge überlegt, zu denen ich sie nutzen könnte. Nur mal angenommen, ich wäre dazu gekommen, die englischen Kronjuwelen zu klauen. Dann läge hier eine Batterie von Jerichorosen, denn ein besseres und sichereres Versteck für Brillanten existiert kaum. Die Beamten würden die ganze Wohnung auf den Kopf stellen und die Dinger umherkicken, weil sie im Weg liegen – ein sehr schöner Plan. Höchstens die berühmte Miss Marple, so brillant verkörpert von der großartigen Margaret Rutherford, wäre wahrscheinlich darauf gekommen. Miss Marple – das ist eine Rolle, die ich für mein Leben noch gerne spielen würde, auf meine ganz eigene Art. Wer weiß, vielleicht wird ja noch was daraus?

Zurück zur Rose. Wenn ich sie so in ihrem Dasein betrachte, dann ist sie eine Aussage der Natur, vor der ich in die Knie gehen möchte. Stundenlang kann ich sie beobachten, wenn sie sich entfaltet, und ich sage zu ihr: »Hallo! Sprich mit mir!« Manchmal tut sie es. Denn in ihrem Angesicht kommt doch tatsächlich die Frage auf, wer Gott ist. Dieses Wunder dort und das, was da in ihm steckt, das ist für mich Gott. Das allein ist meine Religion. Keine Kirche oder andere Institution vermag mir das zu sagen, was mir diese Rose erzählt. Was sind wir Menschen schon angesichts einer solchen Schöpfung? Jedenfalls nichts Besseres. Etwas Ebenbürtiges vielleicht. Wir sollten den Wundern die Hand reichen. Sie werden noch da sein, wenn es uns nicht mehr gibt. Wenn unsere Welt sozusagen untergegangen ist und sich das Leben endlich unbehelligt entfalten kann. Man muß sich nur gelegentlich die einfachsten Tatsachen vor Augen führen: Alle Ameisen zusammen wiegen schwerer als die Menschheit. Was können wir schon außer uns zu zerstören? Ein Schmetterling riecht den Partner über drei Kilometer Entfernung! Undenkbar, wenn wir das auch könnten ... da wär was los!

Gott ist allein Leben. Er ist Bewegung, wie bei der Rose und beim Tanz. Mein Körper öffnet sich, wenn ich tanze. Er schließt sich nicht, wie zum Beten und Beichten, mit Ducken und Verbeugen. Es gibt keinen Gott, der Opfer fordert. Diese Geschichten sind Erfindungen machtbesessener Menschen. *What for?* Liebt eine Fliege Macht? Oder ein Kabeljau? Ich weiß es nicht, aber ich gehe davon aus, daß dem nicht so ist.

Tiere sind ohnehin die besseren Lebewesen. Sie besitzen eine unglaublich tiefe Seele und sind wesentlich vernünftiger als wir, sie trinken nicht so viel und können unendlich geduldig mit uns sein. Sie verstehen es, mit uns zu reden. Nur wenigen Menschen gelingt das andersherum auch. Bei manchen Tierbekanntschaften durfte ich dieses Glück erfahren; auf Zypern hatte ich fünfzehn Katzen und sieben Hunde. Alle konnten machen, was sie wollten, liefen frei herum und suchten immer wieder gerne unsere Gesellschaft. Bei manchen ging die Freundschaft sehr weit. Eine der Katzen, Fiffi, schlief gerne bei mir im Bett, wie es meistens bei typischen Hauskatzen der Fall ist. Sie jedoch hatte ein enormes Vertrauen in mich gesetzt. Eines Nachts wachte ich auf, mit dem Gefühl, daß sich gerade äußerst ungewöhnliche Dinge ereigneten. Irgend jemand schien da ein eigenartiges Spiel auf mir zu treiben. Dann hörte ich plötzlich im Halbschlaf ein leises Miauen aus mehreren winzigen Schnauzen. Ausgerechnet meinen Bauch hatte Fiffi zum Kreißsaal auserkoren, und nun waren sechs neue Erdenbewohner krampfhaft bemüht, sich auf dieser angenehm weichen Unterlage festzukrallen ... Die Natur ist unberechenbar, und manchmal zu einem Vertrauen fähig, das einen fast beschämen muß.

In Berlin bekamen Norman und ich einen Kater von einer meiner Schülerinnen mitgebracht; er brauchte eine Art Asyl und war somit ein Notfall. Ein seltsames, dünnes, langgezogenes schwarzes Wesen, eher eine Superratte. Schulze wurde mit der Zeit enorm groß und ähnelte schließlich eher einem kleinen Hund. Er hatte grüne Augen, irgendwie hatten sich zwischendurch mal Siamesen in seiner Familie eingemietet. Schulze war ein *one-man-cat*. Von mir nahm er zwar geduldig seine Mahlzeiten entgegen, doch liebte er ausschließlich meinen Mann. Als Norman starb, verkraftete Schulze den Verlust nicht. Er war bereits neunzehn

Jahre alt und wollte sich so großes Leid wohl nicht lange antun. Er starb nur zwei Wochen später. Kurz darauf fragte mein rührender Wäschemann, ob ich nicht eine neue Katze möchte. Ich lehnte ab. Ein paar Tage später brachte er wieder die Wäsche, und aus dem Korb hopste plötzlich ein winziges Wesen hervor, das sofort an mir hochkletterte, sich auf meinen Schoß setzte und sagte: »Zu spät, jetzt hab ich dich!« Eine Frechheit! Das war also Muna, und sie wurde mein ganzes Glück. Siebzehn Jahre lang räumte sie meine Wohnung auf und sorgte dafür, daß kein überflüssiger Nippes im Regal stehenblieb. Vom hohen Kleiderschrank aus sprang sie mit Vorliebe mitten auf meinen Bauch – wundervoll, so geweckt zu werden. In meiner kleinen Bar ertrug sie gelassen fast alle meine Ideen. Direkt vor mir auf dem Tisch machte sie es sich gemütlich. Wenn ich schrieb, legte sie eine Pfote auf das Papier und meinte: »Was auch immer dir jetzt wieder einfällt, schreibe nichts, womit ich nicht zufrieden wäre, wenn ich deine ausladende Handschrift entziffern könnte!« So war sie. Wenn sie ins Bett wollte, stiefelte sie mitten in den angefangenen Satz. Auch vor dem Fernseher bewahrte sie mich vor manchem Ungemach; gefiel ihr ein Programm nicht, drehte sie sich auf meinem Schoß um, schaute mich strafend an und sagte: »Haste so eine Scheiße schon mal gesehen? Los, schalt endlich um!« War sie dann wieder zufrieden, konnte sie stundenlang zuschauen und ich ihr. Für sie habe ich auch ein Gedicht geschrieben:

Meine Katze und ich

Meine Katze ist manchmal eine Nervensäge.
Kein Wunder, daß ich hier und da
   einen Zorn gegen sie hege.
Wehe, das Fleisch ist nicht frischer als frisch!
Servier ich's ihr auf oder unter dem Tisch?
Und versuch ich's mal mit Büchsendelikatessen,
kiekt sie mich an: »Frauchen, die kannste
   alleene fressen!«

Ich kaufte ihr einen Kratzebaum
und erfüllte uns so einen Liebestraum.
Denn zerkratzt sie Tische und Stühle,
entsteht zwischen uns eine gewisse Kühle.
Aber nachts, da schleicht sie sich
auf Samtpfötchen an mich heran,
mein geliebter Haustyrann.
Und schläft auch, auf meinem Bauch.

Eines Tages wurde Muna krank und hörte mit der Zeit auf, zu fressen. Sie ließ das Porzellan im Regal, und der Kleiderschrank wurde ihr zu hoch. Schließlich sagte sie kein Wort mehr. Der Arzt stellte fest, sie habe einen Tumor. Er gab ihr eine Spritze, und sie schlich sich auf meinem Schoß friedlich von dannen. Seither ist es still in der Wohnung, und niemand sagt mir mehr, es sei besser, wenn ich nun schlafen ginge.

Wenn ich auf der Bühne stehe und wir zusammen manch schönen Abend verbringen, vergessen viele Menschen mein Alter. Das ist richtig so, denn mir selbst geht es nicht anders. Es gibt nichts Schlimmeres, als sich unentwegt so alt zu fühlen, wie man rein rechnerisch ist. Natürlich sollte man sein Alter auch nicht ignorieren. Das habe ich ebenfalls gelernt, und es entspannt ungemein: Frieden zu schließen mit dem Lauf der Dinge. Ich las vor kurzem in einem Interview mit Isabella Rossellini, der Tochter von Ingrid Bergman, einen schönen Gedanken: Es macht natürlich keinen Spaß, älter zu werden. Aber die Alternative, jung zu sterben, ist schließlich auch nicht lustig! – Manchmal sind die Dinge wirklich so einfach …

Früher hab ich mich eigentlich nicht mit solchen Themen beschäftigt, denn ich hatte zuviel damit zu tun, zu leben und mich durch all die komplizierten Situationen meines Lebens zu kämpfen. Doch nun, da die Beine manchmal ein wenig protestieren, ist mir die Situation sonnenklar. Ich gehe dem Ende des Lebens entgegen, und fast bin ich ein wenig erleichtert darüber. Meine Zeit löst sich in Wohlgefallen auf, und ich gewöhne mich allmählich an die Idee, daß das Leben nur eine einzige Konsequenz hat, den Tod. Ich erlebe derzeit eine große Gnade, denn fünfundachtzig Jahre sind eine ganz schön lange Zeit. Zu klagen wäre wirklich vermessen. Außerdem wird doch irgendwann auch das spannendste Thema langweilig. Wenn ich mir all die Probleme um mich herum anhöre – ich weiß von vielen, wie sie enden, denn ich habe vieles erlebt. Es gibt nur noch wenig, was mich überraschen kann. Das ist auch der Grund, weswegen das heutige Geschehen in der Welt mir großes Unbehagen bereitet, aber keine Angst mehr macht. Die Verhältnisse geraten aus den Fugen, vieles stößt an Grenzen, die natürlicherweise definitiv sind. Ich glaube, daß sich eine große Katastrophe der Menschheit gar nicht mehr vermeiden läßt. Wir haben es längst zu weit getrieben. Aber es geht mich nichts mehr an. Ich hoffe, sie nicht mehr mitzuerleben, denn ich hatte meine Katastrophe schon. Eine reicht. So werde ich mit einer gewissen Erwartung und ohne Sentimentalität einfach meinen Lebenslauf beenden und mich dem weiteren Fortgang entziehen. Was sollte ich mir noch wünschen außer einen halbwegs souveränen Abtritt von der Szene? Wenn's vorbei sein wird, werde ich sagen: »Halleluja, es ist geschafft!« Das heißt – mal sehen, ob ich es sagen werde, oder ob nur irgendwo ein Wind durch die Blätter rauscht. Ein Wind, der ich mal war.

Was dann kommt? Keine Ahnung, aber ich denke schon, daß es weitergeht. Energien und Schwingungen sind in allem, Gesetze, die wir noch lange nicht erkannt haben. Ein Leben in einer anderen Form, in einem anderen Sinn. Alles Gelebte fließt dort hinein, jedes Wesen und jede Handlung. So ist auch alle Geschichte nicht weniger oder mehr als Gegenwart, und nichts kann ungeschehen gemacht werden. Diese Gesetzmäßigkeit mißachten wir dauernd, in allem, was wir anstellen mit der Welt. Wie endlos vermessen ist es, sich einfrieren zu lassen, um irgendwann weiterzuleben – und wie dumm! Selbst wenn es möglich wäre, was passiert denn, wenn sie dich zurückholen? Du verstehst nichts mehr. Würde heute jemand wieder aufwachen, der zu Zeiten Friedrichs des Großen gelebt hat, er würde doch auf der Stelle einen Herzschlag bekommen angesichts der Gegenwart. Keinen Tag würde er überleben. Lohnt sich das? Nein, wir gehören nun mal in den Wind, und als solcher werden wir diese Probleme nicht bekommen, sondern einfach nur tot sein und auch auf der Höhe der Zeit bleiben. Ich glaube, wenn wir wüßten, wie wunderbar es ist, tot zu sein – wir würden uns alle sofort umbringen. Gut, daß die Natur davor diese fabelhafte Erfindung der Todesangst geschaltet hat. Sie ist eine der wenigen Dinge, die uns noch mit den Tieren verbindet.

Wenn ich zurückdenke, habe ich eigentlich sogar recht oft daran gedacht, mich vorzeitig aus dem Staub zu machen, nicht nur im impulsiven Schock nach Hillerts Tod. In einigen Situationen schien es eine wirkliche Alternative zu sein. So zu denken, ist kein Verbrechen, im Gegenteil; nur diese religiöse Doppelmoral macht es zu einem und ist gleichzeitig doch auf jeden dieser Selbstmorde angewiesen. Die Religionen brauchen solche »Sünder«, um die anderen abhängig zu machen. Aber was gibt es für ein Recht, neben dem auf das Leben, als das auf den Tod? Wäre ich etwas jünger und würde noch miterleben, wie sich die heutige politische Situation logisch weiterentwickelt, würde es mir also wieder an den Kragen gehen, was wahrscheinlich ist, so würde ich nicht zögern. Noch mal mache ich so etwas nicht mit, dazu habe ich weder Lust noch Kraft. Ich würde mit Sicherheit gehen. Na ja, die Natur wird dem zuvorkommen, und so ist es gut. Aber bis dahin ist noch ein wenig Zeit! Und so lange bin ich auch noch mittendrin in diesem großartigen Leben. Ich hab mich noch nicht definitiv entschieden zwischen Silver Fizz und Gold Fizz: Seit Jahrzehnten kann und will ich keinem von beiden den Vorzug geben und bemühe mich stets um Ausgleich. Es gibt Fragen, die will ich einfach nicht beantworten können!

Silver/Gold Fizz
In den Shaker 2 Gläser dry Gin, 1 Glas Zitronensaft und 2 Teelöffel Zuckersirup füllen, dazu 1 Eiweiß oder 1 Eigelb. Das Ganze auf Eis kräftig schütteln und mit Soda auffüllen.

Cheerio and Toodleloo

Gerne wird heute bei irgendwelchen schlauen Interviews gefragt: »Frau Huber, freuen Sie sich denn auch auf das dritte Millennium, das kommende Jahrtausend?« Mal ehrlich, wieviel Promille muß man für eine Antwort haben? Wie soll ich mich darauf freuen? Ich werde vielleicht mal reinschauen, na gut. Aber was geht's mich noch an? Die jungen Menschen werden meine Erfahrungen nicht mehr umsetzen können, ich komme ihnen nicht mehr nah. Das ist normal. Was sie selbst aus dieser Behauptung der neuen Zeit machen, ist ausschließlich das Resultat ihrer eigenen Jugend, ihrer Irrtümer und Entdeckungen, und nicht mein Thema. Sonst würde ich mich auf den gleichen Fehler einlassen, den Tag für Tag so viele Eltern machen. Sie nehmen den Kindern das Recht auf das Eigene, auf die Einmaligkeit ihrer Erfahrungen. Sie versuchen sich selbst noch einmal zu leben in ihren Kindern, ein Drang, in dessen Verlegenheit ich zum Glück nie kam. Jeder muß die Liebe selbst lernen, auch das Scheitern und den ganzen Rest.

Nach der ›Zitrone‹ und den Auftritten hatte ich viele neue Kontakte mit jungen Menschen, und sie bestätigten meine Meinung. Die meisten jungen Freunde hatten eine sehr schwierige Kindheit, auch wenn die Eltern sie liebten. Aber es geht nicht ums Behalten, sondern ums Loslassen. Meine Eltern liebten ihre Kinder über alles, und ich sie auch. Alles, was dem Leben angeblich Stabilität gab, ging ihnen verloren: Würde, Vaterland, finanzielle Existenz, soziale Konventionen. Aber ich fand es großartig, den ganzen Quatsch loszuwerden. Was interessierte mich das Leben von Tante Emma? Auf die Freiheit der eigenen Entscheidung, die sich da mit einem Mal auftat, kam es an. Die Prinzipien der bürgerlichen Welt entbehrten plötzlich jeder Rücksichtnahme, es galt nur noch die Parole, zu überleben. Mit welchen Mitteln auch immer. Selbst die Moral wurde zu einem Luxusartikel. Noch heute ist das so: Das Publikum kommt zu mir, um sich ein wenig von dem abzuholen, was sie innerhalb ihres eigenen Lebenskreises nicht bekommen, weil sie es sich nicht nehmen. Die meisten schauen sich meine Meinung einfach nur an, aber manche kommen später auch zu mir und sagen, ich hätte ihnen geholfen, die eine oder andere Entscheidung zu treffen. Nicht ich war es, sondern sie selbst. Ich habe vielleicht nur einen Zweifel oder eine Freiheit angesprochen und ein wenig Stimmung dazugemacht. Aber na gut, wenn das Folgen hat, ist es doch eine schöne Sache.

Die Freiheit ist eine komplizierte Sache. Denen, die heute dreißig oder vierzig sind, ist sie eigentlich auf dem Silbertablett präsentiert worden, und trotzdem – oder deswegen – können sie sie nicht annehmen und leben. Wir haben früher um sie kämpfen müssen. Warum sollte, zum Beispiel, eine Frau studieren dürfen, selbst wenn es nach der Weimarer Verfassung erlaubt war? Oft mußte sie gegen ihre Familie kämpfen, um zu ihren

Rechten zu kommen. Aber genau das ist auch eine Stimulanz sondergleichen. Wenn ich mich dazu entschied, ging es voran. Seltsamerweise treibt einen der Gegenwind enorm an, jedenfalls mir ging es so. Selbst als ich in Palästina lebte und mein Bruder als Leiter eines Kibbuz mich dort unterbringen wollte. Er war überzeugt von diesem sozialistischen und strengen System und vertrat es mit echter Verve. Auch ich fand es eigentlich gut, bis auf die persönlichen Einschränkungen. An eine Begebenheit erinnere ich mich lebhaft. Neben meinem Bruder saß eine pompöse Parteitante, die ihm haarklein erzählte, wie sie sich meine Zukunft dort vorstellte. Ich hörte mir alles in Ruhe an, bis mir der Kragen platzte. Warum sagte sie mir das noch nicht einmal direkt ins Gesicht, sondern an mir vorbei zu meinem Bruder? Ich stand auf und fuhr sie an, sie schaute nur blöd und verstand kein Wort. Da ging ich hinaus, verließ den Kibbuz und wurde Tänzerin in einer Bar. Einen Beitrag für die Gesellschaft habe ich auch dort leisten können, denke ich. Und besser!

Die Folgen der heutigen Freiheit sind, etwas vereinfacht gesagt, doch oft nur Rückfälle in überkommene Moralbegriffe. Heute ist bei erstaunlich vielen Jugendlichen wieder die Jungfräulichkeit vor der Ehe hoch im Kurs. Derzeit findet eine ungeheure Verschiebung statt in die Selbstbeschränkung und in das Regelwerk gesellschaftlicher Standards, ins Sektierertum. Alles ist möglich, Hilfe! Also ab in den Byzantinismus. Meine Güte, die Menschen haben solche Angst vor sich selbst und suchen einfach nur irgendetwas zum Anlehnen, damit das Leben nicht so anstrengt. Aber es strengt nun mal an, seine eigene Freiheit zu erkennen. Es ist gefährlich und ein Abenteuer, zu leben und selbständig zu sein. Nur die Natur über sich zu haben und mit ihr durch den Kosmos zu tanzen. Allein die Natur regiert, sie ist nicht objektiv. Sie ist grausam, nicht gütig. Sie lockt mit unfaßbaren Schönheiten, mit Blumenduft ohne Ende. Bis sie uns, gerade wenn wir sie wieder einmal umarmen und endlos küssen möchten, achselzuckend um die Ecke bringt. Schon ist wieder Platz für neue Versuchskaninchen im großen Experiment der Freiheit. Das Gesetz der Natur fragt nicht, ob ein Mensch es verdient hat, zu sterben. Ob er schlecht war oder gut. Nein, er war einfach überflüssig und zuviel. Weg damit. Das ist die regulierende Gesetzmäßigkeit unseres Lebens. Wenn es so ist, warum nehmen wir uns vorher nicht die Freiheit, die wir brauchen, um in Frieden miteinander zu leben? Alles andere ist nur ein Wahn.

Zu unserem Wesen und Unwesen hat der unvergleichliche Karl Valentin eine Menge verblüffender Geschichtchen geschrieben, von denen ich nicht genug kriegen kann. Sie sind so herrlich ernüchternd. Eine ganz entzückende fand ich in Fritz Kortners Memoiren zitiert. Sie hinterfragt die Frage, warum im Krieg allerorten ein so großer Mangel an Benzin entsteht: »Die Deutschen steigen auf mit ihren Flugzeugen, fliegen den ganzen Weg bis nach England, und dort schmeißen sie ihre Bomben hinunter und zertrümmern die Häuser. Dann steigen die Engländer mit ihren Flugzeugen auf, fliegen den ganzen Weg nach Deutschland, schmeißen ihre Bomben und zertrümmern die deutschen Städte. Kein Wunder, daß man dabei so viel Benzin verbraucht. Viel Benzin würde gespart, wenn die

Deutschen über Deutschland aufsteigen täten und mit ihren Bomben ihre eigenen Städte zertrümmern täten und die Engländer über England aufsteigen täten und ihrerseits ihre Städte selber zerbomben täten. Wieviel Benzin würde da gespart werden! Und das Resultat wäre dasselbe.«

Er hat so recht! Er hat es nicht heute gesagt, sondern in Tagen, in denen ihn viele Menschen nur allzugerne kurzerhand um die Ecke gebracht hätten. Das ist Mut.

Auch mir wird manchmal ein gewisses Mütchen nachgesagt, doch das stimmt nicht. Ich habe keinen Mut, sondern bin einfach nur undiszipliniert, kann und will mich nicht einfügen. Aber ich lebe derzeit nicht in Verhältnissen, in denen es mir an den Kragen geht. Mut ist noch etwas anderes: »nein« zu sagen, obwohl man »ja« sagen will, weil es bequemer und einfacher wäre. Dem leichten Weg zu widersprechen, obwohl man ihn eigentlich so gerne gehen möchte. Ich begehre aber nicht den leichten Weg, ich wollte selten einfach »ja« sagen. Das ist alles mögliche, aber nicht der große Mut. Meiner ist nur klein, er reicht gerade mal für mich.

In Kiel hatten wir eine wunderbare Lehrerin, eine charaktervolle, integre Frau. Fräulein Prof. Dr. Kühl liebte ich mit meinen dreizehn Jahren über alles. Sie fragte uns einmal: »Welche Frau ist die bessere? Die Frau, die sich überwinden muß, ihrem Mann zu verzeihen, und dies dann nach innerem Kampf auch wirklich tut, oder die Frau, die gar nicht darüber nachdenkt und ihm sofort verzeiht?« Natürlich setzten die meisten von uns auf die mit sich ringende Gattin. Ich nannte die andere, und Fräulein Kühl stimmte mir zu. Wer sofort verzeiht, hat keine Probleme und kann sich der Situation frei entgegenstellen. Kann tun, was die Minute erfordert. Die andere muß sich durch einen Berg von Problemen wälzen, die ihr doch eigentlich gar nichts bedeuten können. Sie kann überhaupt kein Selbstverständnis haben in dieser Situation, denn sie muß sich erst einmal fürchterlich überwinden. Das ist nichts für mich, auch wenn einem das oft zum Vorwurf gemacht wird. Na und? Das Resultat ist doch dasselbe: Der Mann hat eine Meise, und die Frau sollte zusehen, ihre Verhältnisse neu in die Hand zu nehmen.

Freiheit kostet einen hohen Preis. Es ist die teuerste Angelegenheit, die es gibt. Viele können sie sich nicht erlauben, aber viele wollen sie sich auch nicht leisten, weil sie nicht mit Bequemlichkeiten und Vorteilen dafür zahlen wollen, mit Positionen und Komfort. Freiheit gibt's nicht im Angebot. So isses.

New York 1988

So isses

Die ganze Welt ist nur ein Arsch,
und wir sind seine Fürze.
Ein jeder stinkt auf seine Art,
das gibt dem Leben Würze.
Und da es nun einmal so ist,
paß auf, daß dir keiner in die Suppe pißt,
und fall nicht in die Pfütze.
Mut ist die größte Stütze!

Denkt einer, er ist besser als du,
dann laß dich nicht beirren
und sieh ihm ganz gelassen zu
– der Mensch, der kann sich irren.
Und sagt er dann: »Du, komm mal her!«
dann frage dich: Was will denn der?
Soll er doch kommen! Zeig ihm Kraft
und laß ihn schmoren im eigenen Saft.
Ist er dann arrogant und barsch,
– na, ihr kennt doch alle Götz von Berlichingen ...

Die ganze Welt ist nur ein Arsch ...

Man kann ganz gut zufrieden sein
auch ohne Ideale.
Stellt man sich auf das Leben ein,
von einem zum anderen Male,
dann läuft das Gute dir über den Weg.
Das Ideal stellt sich oft schräg!
Darum, meine Freunde, noch einmal in aller
    Klarheit,
denn das ist die nackte Wahrheit:

Die ganze Welt ist nur ein Arsch ...

Wenn die Freiheit gemeinhin zu teuer ist, so ist die Diplomatie hingegen viel günstiger, als man zumeist annimmt. Doch die wollen viele Menschen nicht mal geschenkt. Ich liebe sie und habe mich sehr daran gewöhnt, sie im täglichen Leben einzusetzen. Keine Ehe kann ohne sie gut funktionieren, und auch alle anderen Verhältnisse sind an sie gebunden. Kürzlich erzählte ich einem Freund eine Geschichte über Monique, unter dem Siegel der Verschwiegenheit, denn ich wollte nicht, daß sie sich ärgert. Ich ging fest davon aus, daß sie sich ärgern würde. Monique jedoch steckte ihm daraufhin dieselbe Geschichte unter der gleichen Maßgabe. Es ging darum, daß Monique mir viele Jahre lang die Koffer packte, wenn wir zu Auftritten fuhren. Schon Tage vorher wurden die Klamotten geplant, gewaschen, geflickt und gebügelt, dieses Kleid an jenem Ort, am Tag danach jenes zu diesem. Monique ist rührend und macht sich unendlich viele Gedanken. Standen die Koffer dann musterhaft gepackt im Flur, sagte ich: »Wunderbar, Monique, du bist ein Schatz. Ich danke dir!« Kaum war sie weg, flog alles aus den Koffern raus und ich packte die paar Dinge ein, die ich selbst in dem Moment dabeihaben wollte. Keine Diskussion. Später im Hotel stand Monique vor mir und sagte: »Hervorragende Idee, das ist viel besser so!« Ach, Diplomatie ist herrlich! Denn hätte sie vorher nicht den anderen Kram eingepackt, hätte ich diese Sachen vielleicht nicht mitgenommen. Um dieses geduldfordernde Spiel zu erlernen und um es so zu spielen, wie ich es heute spiele, brauchte ich immerhin fünfundachtzig Jahre. So lebt eben jeder sein Gesetz. Meine Güte, bin ich tolerant! Das ist kaum auszuhalten – Höchste Zeit für meinen Lieblingsspruch: *Si tacuisses, philosophus mansisses.*

Wenn du die Klappe gehalten hättest, wärest du ein Philosoph geblieben. Tja, leider vorbei, vorbei ...

Als ich siebzehn Jahre alt war und es in mir gewaltig stürmte und drängte, war Goethes ›Prometheus‹ mein absolutes Lieblingsgedicht. Die letzten Zeilen deklamierte ich stets faustschüttelnd in meiner ganzen Verzweiflung, Hilflosigkeit und jugendlichen Wut:

> Wähntest du etwa,
> ich sollte das Leben hassen,
> in Wüsten fliehen,
> weil nicht alle
> Blütenträume reiften?
>
> Hier sitz ich, forme Menschen
> nach meinem Bilde,
> ein Geschlecht, das mir gleich sei,
> zu leiden, zu weinen,
> zu genießen und zu freuen sich,
> und dein nicht zu achten,
> wie ich!

Nun ja, ich war siebzehn, wie gesagt. Aber inzwischen habe ich viel Leid gesehen, das entsteht, wenn erwachsene Männer, Wissenschaftler, Politiker und Militärs, diese Worte mit ihrem gefährlichen Infantilismus praktizieren. Gerade wenn ich das heutige Geschehen betrachte, denke ich oft wieder daran. Ich selbst halte es, nach diesem langen Weg, den ich zurückgelegt habe, derzeit eher mit den letzten Versen von JWGs ›Ganymed‹.

Ich komm, ich komme!
Wohin? Ach, wohin?
Hinauf! Hinauf strebt's.
Es schweben die Wolken
abwärts, die Wolken
neigen sich der sehnenden Liebe.
Mir! Mir!

In eurem Schoße
aufwärts!
Umfangend umfangen!
Aufwärts an deinen Busen,
alliebender Vater!

Mit dem »alliebenden Vater« bin ich mir nicht ganz so sicher, aber dennoch ...

Ich brauche noch ein paar markante Worte für den Schluß. Vielleicht noch einmal Goethe? »Man reist ja nicht, um anzukommen.« Oder abermals meine unvergessene Lehrerin, die von den »Imponderabilien des Lebens« sprach, ein Wort, für das ich ihr noch heute dankbar bin. Dankbar, das ist es! Unter anderem jedenfalls.

Aber wozu eigentlich abschließende Worte, wenn es noch weitergeht? »Was ich noch sagen wollte« – wer das schreibt, ist mit allem durch. Das bin ich noch lange nicht. Auch wenn es keine gewaltigen neuen Erfahrungen auszutauschen gibt: Das Glas ist noch lange nicht leer, und es halbvoll über die Schulter zu werfen auf das, was dann kommen mag oder auch nicht, das gehört sich nicht als Gast in dieser großen wunder-

baren Bar des Lebens. Contenance, meine Lieben. Lassen wir uns noch ein wenig treiben. Ganz offen, aber manchmal auch betroffen. Oder: Betroffen, aber manchmal auch besoffen ...

Darauf vielleicht eine White Lady?

White Lady
1 Teil Gin, 1 Teil Curaçao Triple sec und der viele,
viele Saft einer ausgewachsenen Zitrone – im Mixbecher
mit Eis kurz und kräftig schütteln und abseihen.

Dieser Cocktail sieht beim Einschenken noch etwas trübe aus, aber langsam, ganz langsam klärt er sich ...
Such is life!

Getränkekarte

28	*Aperol Royal*
112	*Black Velvet*
83	*Blauer Montag*
101	*Bloody Mary*
97	*Brandy Sour*
23	*Gin and Tonic*
128	*Gold Fizz*
109	*Kicking Mule*
12	*Martini dry*
21	*Moscow Mule*
55	*Orange-Blossom*
115	*Parisian*
14	*Pink Lady*
71	*Planter's Punch*
45	*Port in a Storm*
77	*Salome*
63	*Sherry-Flip*
128	*Silver Fizz*
96	*Tunnel*
139	*White Lady*

Lieder Gedichte Texte

61	Ambivalent
102	Brief an einen jungen Freund
124	Meine Katze und ich
38	Nach fünfzig Jahren ist alles vorbei
49	Das Schönste ist auf dieser Welt
135	So isses
	© Traumton Musikverlag, Berlin
28	Der Weihnachtsengel
85	Friedrich Hollaender:
	Wenn ich mir was wünschen dürfte
	© 1931 Ufaton-Verlags GmbH
	(BMG Ufa Musikverlage), München
69	Wilhelm Schulz:
	Gedicht zum 50. Todestag
	Heinrich Heines
	(›Simplicissimus‹ vom 12. Februar 1906)